AF874022

METATEMAS 157

ℵ*

METATEMAS. LIBROS PARA PENSAR LA CIENCIA
COLECCIÓN CREADA POR JORGE WAGENSBERG

* Alef, símbolo de los números transfinitos de Cantor

Antonio L. Flores Galea

UN MUNDO VIRTUAL
Los secretos del Metaverso y la realidad aumentada

Traducción del inglés de Ambrosio García Leal

TUSQUETS
EDITORES

Título original: *Journey to the Metaverse*

1.ª edición: mayo de 2025

© Antonio Luis Flores Galea

© de la traducción: Ambrosio García Leal, 2025
Reservados todos los derechos de esta edición para
Tusquets Editores, S.A. – Avda. Diagonal, 662-664 – 08034 Barcelona
www.tusquetseditores.com
ISBN: 978-84-1107-632-6
Depósito legal: B. 6.892-2025
Fotocomposición: Realización Tusquets Editores
Impresión y encuadernación: Unigraf, S.L.
Impreso en España

La lectura abre horizontes, iguala oportunidades y construye una sociedad mejor. La propiedad intelectual es clave en la creación de contenidos culturales porque sostiene el ecosistema de quienes escriben y de nuestras librerías. Si compras este libro y respetas las leyes de propiedad intelectual al no reproducirlo sin permiso, por ningún medio, total ni parcialmente, estarás contribuyendo a mantener dicho ecosistema vivo y en crecimiento. En **Grupo Planeta** agradecemos que nos ayudes a apoyar así la autonomía creativa de autoras y autores para que puedan seguir desempeñando su labor.
Dirígete a CEDRO (Centro Español de Derechos Reprográficos) si necesitas fotocopiar o escanear algún fragmento de esta obra. Puedes contactar con CEDRO a través de la web www.conlicencia.com o por teléfono en el 91 702 19 70 / 93 272 04 47.
Queda expresamente prohibida la utilización o reproducción de este libro o de cualquiera de sus partes con el propósito de entrenar o alimentar sistemas o tecnologías de inteligencia artificial.

PEFC Certificado
Este libro procede de bosques gestionados de forma sostenible
PEFC
PEFC/14-38-00305
www.pefc.es

Índice

Para Ana, que creó los momentos mágicos de inspiración para escribir este libro

Prólogo

Después de haber trabajado durante más de veinte años en campos altamente innovadores como la visión artificial, la inteligencia artificial (IA), las telecomunicaciones, la robótica y los dispositivos móviles, entre otros, para mí el Metaverso no es solo un concepto o una palabra de moda —o incluso ya pasada de moda o «quemada» para algunos—, sino la próxima revolución a la que se enfrentará la sociedad. Y será, desde mi punto de vista, la transformación más profunda de la humanidad, mucho más allá de la Revolución Industrial, la adopción masiva del automóvil, la electricidad o Internet. ¿Y la IA? ¿No iba a ser el nuevo paradigma de la nueva era en la que estamos entrando? También, pero, a mi entender, la IA será uno de los «facilitadores» principales del Metaverso, junto con las redes de sexta generación (6G) y las tecnologías de gafas de realidad mixta, como veremos.

La razón por la que afirmo que la próxima gran revolución será el Metaverso es que, a largo plazo, existe incluso el riesgo de que las personas no solo adopten la artificialidad como hasta ahora, construyendo ciudades en vez de vivir en cavernas, con atención médica y buena alimentación en lugar de morir a los treinta años, multiplicándose por miles de millones y, aun así, manteniendo una estructura social sostenible. Con la futura adopción generalizada del Metaverso, ayudada por los profundos desarrollos en la IA, la humanidad puede separarse de la naturaleza para siempre, ya sea incorporando implantes artificiales en nuestros cuerpos (o incluso reemplazando algunas partes para convertirnos en «cíborgs») o perdiendo interés en el entorno real para pasarnos la vida inmersos en mundos virtuales que solo existen como bits dentro de grandes nodos computacionales.

Este libro intenta explicar todo lo esencial sobre el Metaverso desde una visión no técnica para que cualquiera pueda entender los conceptos y las tecnologías que conforman el Metaverso a alto nivel. Aunque tenemos una gran hemeroteca que habla del Metaverso, creo que la información está muy dispersa y a menudo se ha distorsionado tras mensajes comerciales, sobre todo porque muchas empresas han sobreexplotado este atractivo concepto para hablar de casi cualquier cosa, pese a que no tuviera nada que ver con el Metaverso, llevando incluso a la obsolescencia prematura del término por ese abuso periodístico incontrolado en busca del mejor titular del momento. Aun así, aunque la sociedad terminará cambiando el término por otro más *«cool»,* los conceptos y las tecnologías del Metaverso llegarán pronto; sí o sí.

Antes de comenzar a escribir sobre el Metaverso, permítaseme explicar por qué encontraremos la palabra en este libro unas veces con mayúscula y otras con minúscula: así como nos referimos a Internet (con mayúscula) como la red global que conecta todos nuestros dispositivos, y a internet (con minúscula) como una red que aplica los mismos protocolos pero a una escala limitada (como cuando decimos, por ejemplo, «la internet china»), en este libro nos referimos al Metaverso (con mayúscula) como la infraestructura inmersiva global y el servicio que proporcionan conjuntamente todos los actores en el ecosistema, mientras que hablamos de metaverso (con minúscula) cuando nos referimos a una solución local o limitada desarrollada por una empresa no necesariamente conectada con el resto (como cuando decimos, por ejemplo, «Meta está desarrollando su propio metaverso»).

Dicho esto, cuando se habla del Metaverso, lo primero que hay que considerar es que la tecnología subyacente no tiene nada de nueva. De hecho, cuando hablo del Metaverso me viene a la mente la época en que comencé como profesor universitario, y veo una equivalencia completa entre el Metaverso y la IA. Hasta finales de la década de 1990, la IA se desarrolló fundamentalmente a nivel teórico. Estudié y enseñé las tecnologías subyacentes tras la IA: redes neuronales, mapas de Kohonen, sistemas expertos, teoría del caos, algoritmos de visión artificial, etcétera. Todo lo que hace que la IA sea una realidad hoy estaba ya ahí, en los libros, hace dos décadas, y a veces incluso antes. Sin embargo, hubo dos problemas que tardaron mucho en resolverse: primero, se requería una enorme potencia computacional para que esos algoritmos fueran implementables en la práctica (nadie estaría dispuesto a esperar dos horas a que un GPS ofreciera una ruta que tuviera en consideración el tráfico, por ejemplo); segundo, había que *digitalizar* el mundo (la IA necesita datos y dispositivos digitales o digitalizados). En la actualidad, tenemos abundantes datos digitalizados y dispositivos digitales asequibles que son millones de veces más potentes que los de los años noventa. Este fenómeno, acelerado por las medidas establecidas a escala planetaria con la reciente pandemia de la covid-19, ha hecho posible la adopción masiva de la IA en la actualidad.

El Metaverso seguirá el mismo ciclo de madurez: la teoría está ahí, incluso algunos dispositivos y aplicaciones experimentales, pero necesitamos mucha más potencia computacional, ancho de banda de red y digitalización. No obstante, todo avanza cada vez más deprisa, y seguramente veremos el auténtico Metaverso en acción mucho antes de dos décadas. Y debemos estar preparados para ese momento, porque el Metaverso transformará los negocios, las relaciones sociales, el ocio, los hogares, las oficinas, las calles y la ley. Un cambio tan profundo tardará algún tiempo en completarse plenamente, pero los primeros en adoptarlo disfrutarán de algunas ventajas y estarán mucho mejor preparados no solo para obtener más beneficios o conseguir un trabajo mejor, sino también para disfrutar de una mejor calidad de vida.

Este libro pretende ser una guía para estos *early adopters* o, al menos, para ilustrarlos y permitirles tomar decisiones con vistas a la era del Metaverso: cuándo comenzar y cómo comenzar. Este no es un libro de recetas, por lo que no encontrará aquí ninguna «lista de tareas» ni nada por el estilo. Las listas de tareas son válidas para tareas deterministas (montar muebles, cambiar la batería del coche, matricularse en la universidad...). La evolución del Metaverso todavía presenta muchas incertidumbres, así que la mejor manera de abordarlas es a través del pensamiento crítico. Y el pensamiento crítico requiere de conocimiento. Por eso, este libro tiene como objetivo brindarle el conocimiento que necesitará para tomar las mejores decisiones.

En los capítulos 1 y 2 se introducen algunos conceptos y explicaciones generales sobre el Metaverso, junto con un poco de historia. El capítulo 3 trata de las implicaciones del Metaverso en diferentes sectores. El capítulo 4 muestra qué empresas están invirtiendo actualmente grandes sumas en el desarrollo de sus aplicaciones, servicios o dispositivos para el Metaverso. Después de estos capítulos introductorios, los siguientes cinco ofrecen descripciones de las tecnologías subyacentes. Los capítulos 10, 11 y 12 muestran el estado actual del Metaverso, las evoluciones que se esperan de manera inmediata y algunos ejemplos que ya podemos encontrar en el mercado. La parte final del libro, del capítulo 13 al 16, aborda algunas preguntas que pueden surgir después de leer los capítulos anteriores con respecto a los posibles problemas de seguridad y privacidad, a los retos tecnológicos que plantea la adopción del Metaverso, a los posibles efectos colaterales y a otras cosas que podemos esperar una vez que el Metaverso sea una realidad. Finalmente, el capítulo 17 ofrece algunas recomendaciones personales a corto plazo.

Espero que el lector de esta obra la disfrute y también espero que podamos encontrarnos algún día..., tal vez dentro del Metaverso.

Capítulo 1
¿Qué es el Metaverso?

El Metaverso, como concepto, no es nuevo. Apareció por primera vez en la novela de ciencia ficción *Snow Crash,* de Neal Stephenson, publicada en 1992, donde se presenta un universo paralelo de realidad virtual (RV) creado a partir de gráficos por ordenador al que usuarios de todo el mundo pueden acceder y conectarse a través de gafas y auriculares. El núcleo de ese metaverso es un protocolo llamado Street, que vincula diferentes vecindarios y ubicaciones virtuales. Los usuarios se «materializan» en el Metaverso como cuerpos digitales configurables llamados «avatares». Una pista relevante en la novela de Stephenson es que las experiencias digitales en el Metaverso pueden tener un impacto real en los cuerpos físicos de los usuarios.

En el ámbito científico, la primera publicación sobre el Metaverso apareció seis años más tarde, en 1998, en *Web of Science.* No obstante, aunque el concepto de Metaverso, como se ve, existe desde hace mucho tiempo y ha tenido una amplia presencia en los medios de comunicación últimamente, todavía está en construcción y en constante evolución. Esto es así porque depende de tecnologías que se encuentran todavía en desarrollo, de forma equivalente a lo que ocurrió con el concepto de Internet hace dos décadas.

Dicho de forma sencilla, el Metaverso se relaciona con el concepto de hiperespaciotemporalidad, es decir, la construcción de un mundo virtual digital paralelo al mundo real. Al ser digital, rompe los límites del tiempo y del espacio y ofrece a los usuarios una experiencia abierta, inmersiva y más libre. Podemos imaginar el Metaverso como una WWW en 3D, una red mundial tridimensional donde los usuarios navegan entre entornos y objetos artificiales y ven representaciones virtuales (realistas o inventadas) de otros usuarios, llamadas «avatares». Pero el Metaverso no acaba ahí; los espacios digitales 3D —mundos virtuales— tendrán conexiones físicas con el mundo real (por ejemplo, simulando el clima en tiempo real, mostrando la sala de reuniones de una oficina con los asistentes físicos como una copia digital en el mundo virtual, etcétera).

Si queremos una definición formal del Metaverso, la entrada de Stylianos Mystakidis en *Encyclopedia* lo describe así (Mystakidis, 2022):

> *Metaverso:* El universo posrealidad, un entorno multiusuario perpetuo y persistente que fusiona la realidad física con la virtualidad digital. Se basa en la convergencia de tecnologías que permiten interacciones multisensoriales con entornos virtuales, objetos digitales y personas, como la realidad virtual (RV) y la realidad aumentada (RA). Por lo tanto, el Metaverso es una red de entornos sociales inmersivos interconectados en plataformas multiusuario persistentes. Permite una comunicación fluida del usuario, representado en interacciones dinámicas y en tiempo real con objetos digitales. Su primera versión fue una red de mundos virtuales entre los que los avatares podían teletransportarse. La iteración contemporánea del Metaverso presenta plataformas sociales e inmersivas de realidad virtual compatibles con videojuegos multijugadores en línea, mundos de juego abiertos y espacios colaborativos de realidad aumentada.

De esta definición surgen algunos conceptos importantes, que se analizarán a lo largo de este libro:

- Interacción social dinámica, multiusuario y en tiempo real: analizaremos la esencia del Metaverso, que es funcionar como la próxima generación de relaciones sociales a gran escala, las nuevas oportunidades que se derivarán de ello y sus riesgos.

- Fusión entre la realidad física y la virtualidad digital, las interacciones multisensoriales y los entornos inmersivos: veremos que aún se necesitan más avances tecnológicos, nuevos dispositivos complejos, sensores y redes de muy baja latencia[1] para producir un Metaverso práctico y accesible a todos.
- Realidad virtual y realidad aumentada: ambos conceptos están relacionados con entornos digitales que pueden ampliar, modificar o incluso sustituir el aspecto de la realidad percibida por alguien. En este libro se describe cómo se consigue esto, así como otras tecnologías menos conocidas relacionadas con estos dos conceptos, habilitadores del Metaverso.
- Avatares, teletransporte y videojuegos: estos conceptos y algunos otros suelen omitirse en bastantes artículos relacionados con el Metaverso. Sin embargo, también se analizarán y aclararán en este libro.

La evolución de Internet

Algunos autores describen el Metaverso como una colección de mundos virtuales 3D mutuamente conectados a través de Inter-

1. La latencia es un concepto técnico utilizado en telecomunicaciones, consistente en el retardo que introduce una red en las comunicaciones. Se mide en unidades de tiempo (segundos, milisegundos, etcétera). Una latencia demasiado alta hace que las interacciones en los mundos virtuales aparezcan desfasadas, con retardo, lo que resulta incómodo y, a veces, inviable para determinadas experiencias o servicios. Las distintas generaciones de redes (4G, 5G, 6G...) buscan reducir la latencia a la vez que aumentan el ancho de banda (cantidad de información transmitida por segundo), para permitir experiencias digitales con más definición y calidad y más interactivas.

net (Dionisio y Gilbert, 2013), o como un nuevo tipo de aplicación de Internet y plataforma social que integra una variedad de nuevas tecnologías. Si bien es cierta, creo que se trata de una definición incompleta, porque Internet es la tecnología primitiva en la que se sustenta el Metaverso: este nunca habría nacido sin Internet, pero, en el futuro, Internet se percibirá solo como una simple tecnología de base que hizo posible el desarrollo del Metaverso. Es algo muy parecido al caso del motor de combustión y el automóvil: este último nunca habría surgido sin la invención del motor de combustión, pero hoy en día los coches eléctricos hacen que los motores de combustión se perciban como una tecnología obsoleta o, al menos, innecesaria. Del mismo modo, una vez que el Metaverso esté completamente implementado y maduro, es muy probable que desaparezca la costumbre de navegar por Internet o publicar en las redes sociales.

Esto se explica porque el Metaverso representa una mejora tan impresionante en la forma de comunicación social e intercambio de información que todos pasaremos del «mundo 2D», basado en «deslizar la pantalla y hacer clic», al «mundo 3D», basado en sentir y actuar como lo hacemos en nuestra vida real.

Como evolución natural de Internet, el Metaverso puede proporcionar una experiencia inmersiva basada en tecnologías de realidad aumentada (RA), crear un reflejo del mundo real aplicando tecnologías de gemelos digitales *(digital twins,* en inglés), construir un sistema económico basado en la tecnología Blockchain (por ejemplo, mediante criptomonedas) e integrar estrechamente el mundo virtual y el mundo real en el sistema económico, el sistema social y el sistema de identidad, permitiendo a cada usuario producir contenido y «modificar» el mundo que percibe. A diferencia del mundo real, donde cada uno de nosotros tiene limitaciones, el Metaverso, según su propia concepción, aporta mucha más libertad, flexibilidad y poder, al menos en teoría. Y esto, cuando esté disponible, es un punto muy potente para atraer a la población en masa.

No obstante, como ya se ha dicho, el Metaverso es un concepto que está en constante evolución y quienes están participando en su desarrollo están enriqueciendo su significado cada día, siguiendo sus propios criterios. Así, el modelo teórico y el resultado práctico pueden diferir, como ocurrió con la «libertad de expresión» prometida por la arquitectura abierta de Internet y la censura discrecional practicada por varias plataformas sociales en la actualidad. Discutiremos más a fondo las implicaciones éticas y los riesgos asociados al Metaverso en los últimos capítulos de este libro.

La primera iteración del Metaverso: la Web 3.0

Como el concepto de Metaverso está evolucionando muy rápidamente, la comunidad científica ha convenido en hablar de diferentes iteraciones del Metaverso, refiriéndose a redefiniciones del concepto que agregan más características o adaptan la concepción anterior.

Cuando la tecnología de realidad virtual (RV) estaba ganando terreno, el Metaverso se consideraba la Internet 3D, también llamada Web 3.0 o Web3. Como se muestra en la figura 1.1, este nombre se le asignó como el tercer paso evolutivo de Internet, siendo la Web 1.0 la versión estática original de la WWW, mientras que la Web 2.0, la actual, se encuentra dominada principalmente por las redes sociales y el intercambio de contenidos multimedia. La Web 3.0, aunque no coincide exactamente con el concepto de Metaverso, se considera el arranque de este, al permitir tecnologías como la RV, la computación espacial, la Blockchain, la IA y algunas otras.

No obstante, incluso antes de que se generalizaran estas tecnologías de la Web3, el Metaverso ya comenzó a hacer uso de ellas en algunas iniciativas pioneras, en su mayoría experimentales. Se concibió como una red de mundos virtuales que los avatares podían visitar de forma sencilla. Sobre la base de esa definición, el primer metaverso fue CitySpace, que solo estuvo activo de 1993 a 1996. Posteriormente surgieron diferentes metaversos sociales autónomos (mundos virtuales), como Active Worlds y There (www.there.com). Luego llegaron algunas iniciativas más ambiciosas en cuanto a la consecución de espacios interconectados, como el software de código abierto OpenSimulator, que era —y sigue siendo— accesible a través de una red creada en 2010 llamada Hypergrid. Esta red permite el movimiento de agentes digitales y su inventario a través de diferentes plataformas mediante hipervínculos. Aunque su objetivo era convertirse en un mundo virtual y abierto verdaderamente interconectado, Hypergrid siempre permaneció como un experimento de laboratorio y nunca llegó a ser compatible con los mundos virtuales de soluciones comerciales como el popular Second Life (www.secondlife.com), desarrollado por Linden Lab en 2003.

La segunda iteración: juegos multijugador

En la actualidad se está construyendo la segunda versión del Metaverso, donde las plataformas sociales e inmersivas de realidad virtual serán compatibles con videojuegos en línea de participación masiva, entornos de juego abiertos y espacios colaborativos de realidad aumentada. Según esta visión, los usuarios podrán reunirse, socializar e interactuar sin restricciones en forma de hologramas 3D o avatares, en espacios físicos o virtuales.

En el Metaverso, un avatar significa un *alter ego* utilizado como identidad virtual de un usuario en los diferentes mundos virtuales. En un inicio, los avatares se usaban principalmente como una forma exagerada en el mundo virtual (por ejemplo, un león o un monstruo), en vez de reflejar el aspecto real del usuario o su ego ideal, y se usaban sobre todo en juegos. Con el tiempo, han ido evolucionando de manera gradual hasta convertirse en una forma ideal que proyecta la apariencia exterior que el usuario quiere transmitir y que refleja su ego. Un avatar desempeña un papel y una interacción social en el Metaverso. Se espera que los avatares del Metaverso sean altamente configurables, incluyendo no solo características físicas, sino también vestimentas y complementos, como medio para expresar la imagen social de los usuarios. Incluso hay soluciones de IA que generan avatares tridimensionales realistas a partir de fotografías del usuario (por ejemplo, Viverse, Creatify, HeyGen, etcétera). De hecho, varias empresas de ropa de lujo están enfocándose en la venta de artículos virtuales en el Metaverso con el propósito de ofrecer una personalización más exclusiva de los avatares. Esta cuestión es importante porque, hoy en día, las generaciones más jóvenes consideran que la imagen de su perfil en las redes sociales es tan importante como su apariencia física y comienzan a sentir sus identidades virtuales y las reales como la misma cosa.

En cuanto a la interacción social de los usuarios, en el momento actual esta es posible con algunas limitaciones, principal-

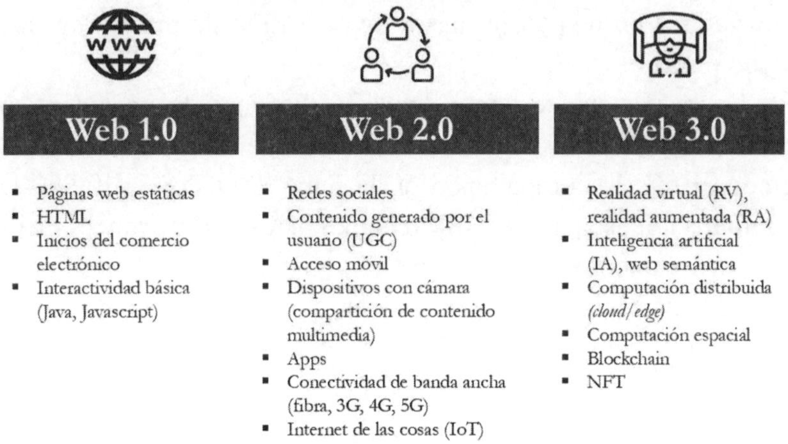

Figura 1.1. Principales evoluciones de Internet y tecnologías habilitadoras.

mente porque todo debe realizarse dentro de la misma plataforma. En el horizonte más próximo veremos reuniones e interacciones entre plataformas y tecnologías diferentes, con algunos usuarios en entornos de realidad virtual y otros en entornos de realidad aumentada. Los principios comunes del Metaverso incluyen la interconexión de software y la «teletransportación» del usuario entre mundos. Esto requiere la interoperabilidad de la personalización del avatar y la portabilidad de accesorios, propiedades y colecciones de objetos sobre una base de estándares comunes.

Si vamos a las aplicaciones comerciales tangibles, dos juegos se consideran escenarios propicios para desarrollar metaversos prácticos: Roblox, lanzado en 2006, y Minecraft, de la empresa sueca Mojang Studios, lanzado en 2009. Sin embargo, hasta marzo de 2021 Roblox no introdujo el concepto de metaverso en sus anuncios publicitarios, probablemente con el propósito de entrar mejor en la bolsa de Nueva York. El valor de mercado de la empresa superó los 40.000 millones de dólares en su primer día de cotización, y el término «metaverso» empezó a adquirir notoriedad. Así, 2021 puede ser declarado como el primer año de existencia del Metaverso práctico, aunque haya que considerarlo solo como una versión muy limitada de lo que está por venir y en respuesta más a una cuestión de marketing que tecnológica.

De hecho, aún estamos lejos de disponer de un auténtico Metaverso. En la fase de desarrollo actual, el Metaverso ha integrado el 5G, la computación en la nube, la visión artificial, la computación espacial, la Blockchain, la IA y otros avances científicos y técnicos recientes. Sin embargo, como veremos a continuación, el Metaverso todavía tiene que evolucionar más para resultar útil y atractivo para las actividades cotidianas y los servicios digitales en el entorno de los negocios.

La próxima iteración: el verdadero Metaverso

Una vez que las tecnologías habilitadoras del Metaverso (IA, tecnologías interactivas, computación espacial, computación en la nube y *edge computing)* estén lo bastante maduras, su auténtico potencial llegará a nuestras vidas de manera progresiva, con una precisión en la visión artificial y el reconocimiento del lenguaje muy mejorada, y se desarrollarán modelos generativos que permitan entornos más inmersivos y movimientos completamente naturales. El verdadero Metaverso no dependerá de los ordenadores, ni siquiera de los teléfonos móviles o las tabletas. Aprovechará el gran ancho de banda proporcionado por las redes móviles 5G y 6G, junto con la proliferación de servicios urbanos inteligentes, además de sensores y dispositivos portátiles, para ampliar nuestra interacción de forma asombrosa. El Metaverso «invadirá» todos los aspectos sociales, como la moda, los eventos, los juegos, la educación y el trabajo, basándose en interacciones inmersivas y servicios diseñados de manera nativa para el Metaverso. Se puede comparar semejante cambio de paradigma, por ejemplo, con la aparición de las películas como medio para contar historias, como evolución de los libros tras el nacimiento de la tecnología cinematográfica.

Esto se irá consiguiendo progresivamente con el tiempo y nadie prevé la llegada del auténtico Metaverso a corto plazo. Internet necesitó algunas décadas para madurar y con el Metaverso se espera algo parecido. En este libro encontrará los pilares para predecir el futuro del Metaverso, pero hay que digerir los conceptos de manera realista y tener presente que las innovaciones y la disrupción llegarán en diferentes etapas. Este libro proporciona una perspectiva avanzada del conocimiento existente sobre el tema.

Bajo estas premisas, y esperando iniciativas dispersas y aisladas en esta primera etapa, Tony Parisi ha postulado las siete leyes del Metaverso como un manifiesto a alto nivel, una propuesta de desarrollo futuro basada en la experiencia previamente acumulada con el desarrollo de Internet y las redes de telecomunicaciones globales (tabla 1.1).

#1	Solo hay un Metaverso.
#2	El Metaverso es para todos.
#3	Nadie controla el Metaverso.
#4	El Metaverso es abierto.
#5	El Metaverso es independiente del dispositivo.
#6	El Metaverso es una red.
#7	El Metaverso es Internet.

Tabla 1.1. Las siete reglas del Metaverso (Tony Parisi).

Según su propuesta, debería haber un solo Metaverso (regla 1), para todos (regla 2), abierto (regla 4), independiente del dispositivo (regla 5), interconectado (regla 6) y controlado colectivamente (regla 7). El propio Parisi no ve las siete leyes como instrucciones que deban cumplirse, sino como un conjunto de características que el Metaverso debe tener para aumentar de escala y ser lo bastante robusto para sobrevivir a largo plazo. Según él, el Metaverso debe estar «interconectado, atender una amplia gama de usos, no estar controlado por ninguna entidad única, basarse en estándares abiertos, ejecutarse en la gama más amplia posible de dispositivos, estar impulsado por una red heterogénea de ordenadores interconectados y constituir el tejido de la futura Internet». Estoy de acuerdo en que es inevitable que el Metaverso se convierta en algo omnipresente, porque los avances técnicos y las fuerzas socioeconómicas lo impulsarán en esa dirección.

Aunque esta es la visión final de un Metaverso maduro, debemos esperar algunas iniciativas más o menos aisladas primero y una búsqueda de la estandarización y convergencia a medida que el Metaverso crezca en volumen de usuarios y aplicaciones, algo muy parecido a lo que sucedió con otras revoluciones tecnológicas en el pasado. Según Parisi, todavía quedan tecnologías básicas por desarrollar, estándares que deben definirse y usos y costumbres que establecerán las primeras generaciones de creadores de contenido en el Metaverso. Un interrogante interesante sobre la gobernanza del Metaverso tiene que ver con si habrá nuevas organizaciones de estándares e incluso nuevas autoridades más allá de los esquemas geográficos actuales (países), que ahora están luchando por regular fenómenos globales como las criptomonedas, las redes sociales y la propia Internet, o el ecosistema seguirá siendo más o menos el mismo. Esto último significa que el ecosistema se basaría en una gobernanza y una responsabilidad descentralizadas o centralizadas según los diferentes espacios virtuales en el Metaverso y otras áreas relacionadas con este, que se explicarán en el capítulo 13. Pero, antes de eso, en los capítulos que siguen descubriremos cómo se está desarrollando el Metaverso, qué sectores están o deberían estar interesados en desarrollar servicios y activos en el Metaverso y qué tecnologías de desarrollo permitirán la implantación global y exitosa del Metaverso.

Resumen

- El Metaverso es un concepto para describir la próxima revolución digital, la evolución de Internet para que sea inmersiva, colaborativa, social y completamente fusionada con el mundo físico.
- Se consideran tres iteraciones en la historia del Metaverso desde su descripción conceptual en 1992: la «Web 3.0», la «integración multijugador» y el «verdadero Metaverso».

- Ahora estamos en la iteración Web 3.0, donde los avances consisten principalmente en adaptaciones y extensiones de la actual Internet (agregando realidad virtual, pagos con criptomonedas, juegos sociales aislados, etcétera).
- La segunda iteración aportará interoperabilidad entre juegos y aplicaciones, lo que nos permitirá disfrutar de un único avatar o «entidad virtual» propia en el Metaverso y de una experiencia fluida e integrada al saltar entre servicios y aplicaciones en el mundo virtual. Nuestro avatar se convertirá entonces en «parte de nosotros».
- La tercera iteración llevará el verdadero Metaverso al gran público, trasladando buena parte de nuestras actividades diarias al mundo virtual. Esto todavía requiere mucha más potencia computacional de la que disponemos actualmente, nuevos dispositivos *(wearables,* lentes de contacto de RA, etcétera) y el desarrollo de nuevos servicios y aplicaciones en una sociedad donde el Metaverso tendrá acceso generalizado.

Capítulo 2
Pero ¿no estaba muerto el Metaverso?

En los últimos tres años hemos leído noticias de todo tipo sobre el Metaverso: tras una gran expectación mediática, generada principalmente por el anuncio del cambio de nombre de la empresa Facebook a Meta a finales de 2021 y su anuncio sobre inversiones millonarias en el desarrollo de su metaverso, se pasó a otros titulares bastante agoreros que anunciaban el desmantelamiento de las unidades de metaverso de grandes tecnológicas como Microsoft, Google y la propia Meta.

Este enorme vaivén mediático ha provocado que gran parte de la población crea que el Metaverso es una idea fallida en la actualidad. Esto no responde más que a los habituales ciclos que sufren las tecnologías disruptivas, como ya ocurrió con la inteligencia artificial en dos ocasiones desde su invención a mediados del siglo xx o con la Web 2.0 (la web interactiva) durante la famosa «crisis de las puntocoms» en la primera década del siglo actual. Técnicamente se conocen como «inviernos» de la tecnología y, hoy en día, el Metaverso se encuentra en una de estas fases, en la que las inversiones se reducen solamente porque los resultados científicos y tecnológicos llegan a una velocidad menor a la esperada y deseada por el mercado.

Sin embargo, el Metaverso llegará para quedarse y una muestra de ello es la insistencia de grandes empresas como Meta y Apple en enfocar sus esfuerzos primero a desarrollar gafas inmersivas que permitan a los usuarios acceder a servicios inmersivos en el espacio tridimensional y después a todo lo demás. Se puede afirmar que las Apple Vision Pro, lanzadas a principios de 2024, supusieron el principio del «deshielo» para el Metaverso y que, en los próximos meses y años, continuaremos experimentando grandes avances en todas las tecnologías que lo sustentan y que se describen en este libro.

Pero remontémonos primero a los albores de las primeras ideas y tecnologías afines al Metaverso para comprender mejor cómo surgió la chispa.

El Metaverso nació como un juego

El núcleo de cualquier tecnología de videojuegos es lo que se denomina «motor de juego», que consiste en los componentes centrales utilizados como base común para desarrollar juegos de ordenador o algunas aplicaciones de imágenes interactivas en tiempo real, responsables de proporcionar entornos gráficos dinámicos en los videojuegos. La aparición de los motores de juego redujo la dificultad para los diseñadores y desarrolladores de videojuegos a la hora de producir novedades, ya que no era necesario codificarlos partiendo de cero. La expansión de los motores de juego ha impulsado el desarrollo de imágenes y entornos 3D para el Metaverso y brinda a los usuarios una experiencia más cercana al mundo real.

Esta es tal vez la razón más poderosa por la que, siempre que vemos o imaginamos un ejemplo de aplicación del Metaverso, tenemos en mente un avatar de juego moviéndose dentro de una escena 3D, precisamente como en los videojuegos. En realidad, las tecnologías utilizadas hoy por hoy en las soluciones del Metaverso fueron inicialmente concebidas para los videojuegos.

Aunque existieron videojuegos que proporcionaban un entorno inmersivo como el del Metaverso, probablemente el primero que se hizo famoso fue Second Life. Este juego ofreció un entorno en el que participaron algunos exploradores pioneros del aprendizaje interactivo. Se expandió después de su lanzamiento en 2003 y atrajo a multitud de usuarios (para alcanzar alrededor de un millón de usuarios activos simultáneos en el punto álgido de su aceptación). Aunque se trataba de un videojuego, muchas universidades y escuelas ensayaron sus primeros pasos en la realidad virtual allí, y se han publicado muchos artículos en revistas científicas sobre la posibilidad de valerse de Second Life para diseñar entornos de aprendizaje inmersivos (De Back *et al.*, 2021), para el aprendizaje basado en problemas (Sancar-Tokmak y Dogusoy, 2020; Dogusoy, 2020) o para el aprendizaje de idiomas (Parmaxi, 2020), por ejemplo. Second Life también suscitó un debate académico sobre los riesgos éticos de aprender y enseñar en entornos de juego no reales (Childs *et al.*, 2012). Así, las primeras iniciativas en torno al Metaverso se explotaron comercialmente en la industria de los videojuegos, pero muy pronto la comunidad científica empezó a considerar y analizar otras aplicaciones.

En la actualidad hay dos juegos online con más usuarios que Second Life: Minecraft y Roblox. Ambos suman entre 150 y 300 millones de usuarios, en su mayor parte jóvenes y fieles, a diferencia de la mayoría de los que probaron Second Life. Tanto Minecraft como Roblox son juegos *sandbox,* lo que significa que ofrecen a los usuarios una realidad virtual en la que pueden construir y dar forma al entorno en el que juegan. Esto es muy diferente de los entornos «prefabricados» de los videojuegos de acción y exploración a los que reemplazan. Minecraft está diseñado para jugadores más jóvenes y proporciona bloques simples para construir un mundo compartido. Roblox ofrece un entorno más programable que permite la creación de multitud de mundos de jugadores dentro del juego. Todavía no se han llevado a cabo demasiadas investigaciones académicas sobre el papel de Minecraft y Roblox en otras aplicaciones además de los videojuegos.

Aun así, sí que se esperan, ya que ofrecen la oportunidad de explorar más aplicaciones que podrían considerarse la semilla del Metaverso.

¿Qué más se espera del Metaverso?

Pero el Metaverso no se limita a los videojuegos. De hecho, estos deben considerarse solo un «modelo de juguete»[1] para desarrollar algunos principios del Metaverso y como ensayos iniciales de los conceptos. Como se ha visto en el capítulo 1, en la actualidad se está comenzando a explotar la primera iteración del Metaverso y a experimentar con la segunda. El verdadero Metaverso traerá nuevos dispositivos, como lentes de contacto, *wearables,*[2] conectividad cerebro-ordenador y muchos más. Y todo ello permitirá un número incontable de nuevas aplicaciones. En la figura 2.1 se muestra una lista formal de los elementos del Metaverso según Gartner.

En una conversación que mantuve recientemente con Mystakidis (el redactor de la entrada sobre el Metaverso en la *Encyclopedia* vista en el capítulo anterior), ambos estuvimos de acuerdo en que las oportunidades que brindan las tecnologías de RV, RA y realidad extendida (RX) en general —que se detallan en el capítulo 6— harán que el Metaverso amplifique significativamente las capacidades de todos los campos «tele» y «e» que operan a distancia, como el teletrabajo, la telemedicina, el *e-business,* la e-administración, los *e-sports* o el *e-commerce.*

Para ser conscientes de la transformación que se aproxima,

1. Traducción de *toy model,* término muy utilizado en la comunidad científica para referirse a un modelo con el que explorar y probar nuevas hipótesis.

2. Adaptación del término inglés *wearable,* con el que se hace referencia a pequeños dispositivos electrónicos que se llevan en el cuerpo, como un *smartwatch,* un medidor del ritmo cardiaco y de la sudoración, etcétera. Todos ellos con capacidad de conectarse a Internet o a un teléfono móvil para enviar datos de medidas.

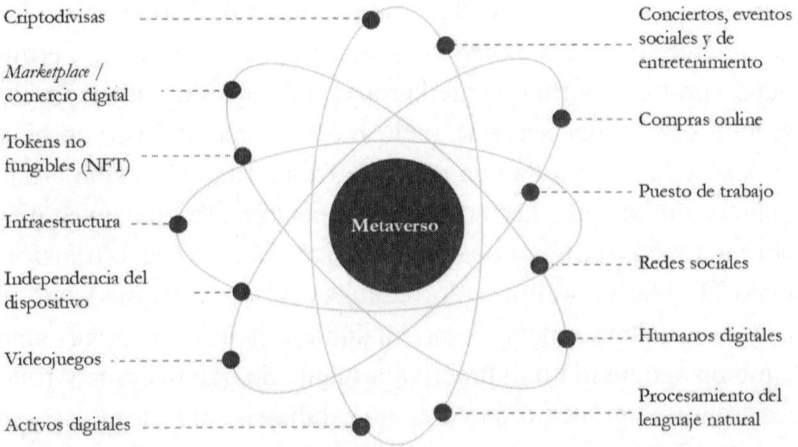

Figura 2.1. Elementos del Metaverso (fuente: Gartner, 2022).

pensemos en el presente: imagine que tiene que encontrarse con sus amigos o con un cliente en un restaurante. ¿Alguna vez ha recurrido a Google Maps o Apple Maps en su teléfono móvil cuando no puede ver el sitio pese a estar cerca? ¿O tal vez simplemente ha usado su GPS para que le lleve hasta la puerta? Este uso común de la tecnología es posible porque tenemos pequeños dispositivos portátiles con una pantalla de alta resolución, satélites de geolocalización que rodean el planeta, redes inalámbricas de banda ancha que cubren casi cualquier lugar civilizado, un proveedor de servicios que agrega los puntos de interés en un mapa digital y varios avances tecnológicos más. Todo esto ha tenido que existir antes para que usted pueda llegar a su cita sin problemas.

Lo mismo se espera del Metaverso una vez que esté lo bastante maduro: cuando las tecnologías habilitadoras (RV, RA, *wearables,* conectividad cerebro-ordenador, IA, aplicaciones inmersivas por parte de proveedores de servicios, etcétera) estén ahí, el mundo será diferente. Puede que, en un escenario tan disruptivo, la gente prefiera pasar más tiempo en la vasta realidad artificial que en la «aburrida» realidad natural. El Metaverso seguramente llevará la experiencia de compra a otro nivel, permitiendo probarse virtualmente la ropa, examinar con precisión los artículos del supermercado, incluso oler la comida o comprobar el peso y la textura de una pieza de fruta. También cambiará la interacción humana, haciendo que las personas se preocupen más por su atractivo digital que por el físico. El Metaverso transformará la vida laboral no solo reduciendo los viajes mediante el uso de la telepresencia, como cualquiera podría imaginar, sino también acogiendo un número alarmante de trabajadores virtuales, robots digitales o avatares que trabajen solo en el espacio virtual, el preferido por la mayoría de las personas en el futuro. Entonces, cuando entremos en una tienda del Metaverso y le preguntemos al dependiente sobre los diferentes colores o tamaños de un artículo, esa «persona» quizás será una máquina, pero nunca lo sabremos. O puede que, cuando vayamos a un bar virtual para ver un partido de fútbol con los amigos, algunas de las otras personas sean «clientes virtuales» comprados por el propietario para que el bar parezca más lleno y atraer más clientela. Pero lo asombroso será que podremos hablar, discutir o bromear con ellos como si fueran avatares humanos... y no notaremos que son solo productos de una IA. Así, el maestro de nuestros hijos podría ser un profesor virtual e incluso el empleado de una empresa con la que intentemos contactar podría ser virtual. En algún momento, el uso de *deepfakes,* realidad aumentada, aprendizaje profundo y todas las tecnologías punta que tenemos hoy en fase experimental generará una niebla entre la realidad física y el Metaverso y será difícil distinguir si uno está interactuando con un objeto real —físico— o con una creación digital.

El Metaverso será la puerta de entrada a un mundo donde todo es posible. Cuidado con eso.

Resumen

Este capítulo ha enriquecido nuestro conocimiento sobre el Metaverso con las siguientes ideas:

- El Metaverso, al igual que otras tecnologías disruptivas como la IA o la web interactiva (Web 2.0), está pasando por un «invierno», fruto del exceso de expectación a corto plazo generada en años anteriores, que ha ralentizado las inversiones y ha racionalizado los avances. El lanzamiento de las Apple Vision Pro parece haber sido el despertar de ese letargo.
- El Metaverso gira en torno a experiencias inmersivas. La industria de los videojuegos es una de las que más se basa en estas experiencias. Por lo tanto, el Metaverso está creciendo rápidamente dentro de este nicho.
- Los videojuegos inmersivos se utilizarán como banco de pruebas para desarrollar futuras aplicaciones en otros campos como el teletrabajo, la telemedicina, los deportes online, el comercio electrónico, los negocios online o la e-administración.
- Los videojuegos también proporcionan una economía de escala para el desarrollo de nuevos dispositivos, *wearables,* gafas de RV, etcétera, lo que contribuirá a una evolución fluida y progresiva que llevará a pasarnos más tiempo en la vasta realidad artificial que en la «aburrida» realidad natural.

Capítulo 3
Por qué el Metaverso puede cambiar la sociedad para siempre

El Metaverso es espaciotemporal. Esto significa que puede describirse como un espacio tridimensional —un espacio virtual— que evoluciona con el tiempo. Evoluciona en paralelo con el mundo real, pero está conectado con él. Sensores, máquinas y personas serán los actores de un flujo continuo de datos entre la realidad física y la digital. Se abre así un nuevo hábitat para la humanidad que nos brindará una experiencia diferente a todas las personas. Como ya se ha dicho, en la actualidad, el Metaverso se encuentra en una etapa inicial de desarrollo, con Internet, 5G, realidad virtual y una incipiente computación espacial, junto con otras tecnologías como facilitadores. El Metaverso va a permitir a la humanidad crear un mundo digital holográfico paralelo al tradicional, algo que nunca antes había experimentado ningún ser humano.

El Metaverso no solo cambiará nuestra manera de hacer las cosas, sino también el mundo tal como lo conocemos. Si revoluciones pasadas como la máquina de vapor, la electricidad, el automóvil, Internet y, más recientemente, la IA han cambiado la forma en que las personas organizan su vida y sus interacciones, el Metaverso será la próxima revolución comparable. Con la implementación de mundos virtuales 3D y los servicios dentro y alrededor de ellos, tendremos innumerables posibilidades para trabajar, viajar, entretenernos, investigar y muchas cosas más. En este capítulo veremos algunos usos futuros del Metaverso una vez que esté plenamente operativo. La figura 3.1 muestra los sectores en los que se espera que el Metaverso tenga mayor impacto, que examinaremos a continuación.

Entretenimiento

La industria del entretenimiento está a punto de sufrir uno de los cambios más notables con la llegada del Metaverso. Podemos esperar que se vuelva mucho más interactiva y accesible.

Por ejemplo, el Metaverso puede cambiar la forma en que escuchamos música. Los artistas pueden crear vídeos musicales en el Metaverso y vender entradas para sus sesiones de estudio. Veremos artistas produciendo vídeos musicales en 3D donde el público podrá experimentar la música como en un videojuego hiperrealista. Además, el tamaño del recinto será irrelevante para la venta de entradas. El Metaverso puede transformar por completo los conciertos en directo: los auditorios virtuales pueden vender el mismo asiento virtual más de una vez o ampliar las gradas de forma muy sencilla si hiciera falta. Además, la gente podrá asistir a cualquier concierto sin tener que desplazarse. Es más, podrán has-

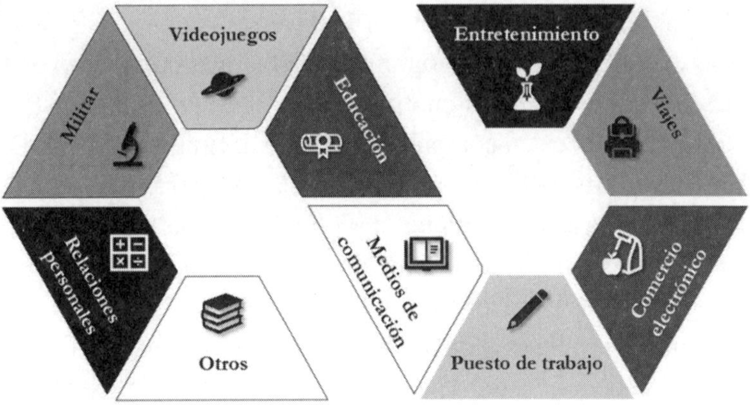

Figura 3.1. Sectores en los que el Metaverso tendrá mayor impacto.

ta viajar en el tiempo para asistir a una recreación de algunos espectáculos famosos del pasado, como el último concierto de Leonard Cohen en Nueva Zelanda en diciembre de 2013, la actuación de Bob Dylan en el Boston Music Hall en noviembre de 1975, el concierto de Elvis en Los Ángeles en junio de 1968, la exhibición de Jimi Hendrix prendiendo fuego a su guitarra y destrozándola en el escenario de Monterrey, California, en junio de 1967, o el último concierto de Nino Bravo en la sala de fiestas Jardines de Neptuno de Granada, en marzo de 1973, pocas semanas antes de su trágico accidente. Pero esto no es todo: se podrían producir recreaciones en el Metaverso para asistir a conciertos que nunca existieron, como Frank Sinatra cantando en el Coliseo de Roma o Carlos Gardel interpretando sus tangos durante el encendido del árbol de Navidad del Rockefeller Center de Nueva York.

También serán posibles nuevas experiencias muy espectaculares en la industria cinematográfica. Sería fácil hacer que nuestras películas y series de televisión favoritas fueran inmersivas, en el sentido de que uno podría cabalgar un dragón junto a Daenerys Targaryen en *Juego de tronos,* permanecer cerca de Harry Potter mientras curiosea en Hogwarts o sentarse en el asiento del copiloto de un Aston Martin, con 007 al lado conduciendo a todo gas (cuando no vaya ya acompañado...). Podríamos contemplar un escenario como este en las etapas más maduras del Metaverso. Aun así, es probable que las experiencias cinematográficas interactivas comiencen en las etapas iniciales, dadas las enormes inversiones en esta industria y los últimos avances en computación espacial. Empresas como Disney y Lucas Arts ya tienen los derechos de propiedad intelectual de sus universos, así que están en una posición idónea para crear sus propios metaversos aislados, probablemente en alianza con algunos de los principales desarrolladores de videojuegos.

El entretenimiento para adultos es otro sector que se puede esperar que se beneficie del Metaverso. Incluso sin saber exactamente cómo transformará el Metaverso la interacción social y las relaciones, incluidas las personales, algunos informes predicen que la industria para adultos alcanzará los 122.000 millones de dólares para 2026. Esto no es nada nuevo, si analizamos la contratación de servicios de entretenimiento para adultos en Internet. Otra industria que está entusiasmada con el Metaverso es la de las casas de apuestas. En 2021, los juegos de azar en línea generaron 230.000 millones de dólares y siguieron siendo uno de los mercados más lucrativos para las empresas en Internet. Considerando las estrategias habituales de los casinos para abstraer a su clientela de la realidad y sumergirla en el juego, el Metaverso parece una herramienta incluso peligrosa para el sector de las apuestas y el juego.

Por último, en el Metaverso habrá servicios de entretenimiento completamente nuevos. Si vamos a YouTube y buscamos *ambience,* obtendremos un sinfín de escenas que muestran una secuencia larga (normalmente de varias horas) de cualquier lugar con el que uno pueda soñar (una playa, un castillo, una biblioteca, un apartamento en un rascacielos, etcétera). Mucha gente se sirve de estos ambientes para concentrarse, estudiar o relajarse. Ahora imagínese esta tendencia que está en pleno auge desarrollada en un metaverso 3D auténticamente inmersivo. Mucha gente podría reorganizar su hogar para tener una habitación prácticamente vacía con las paredes blancas solo para proyectar paisajes o escenas donde sumergirse para estudiar, trabajar, relajarse, cenar o estar con los amigos.

Viajes

En el futuro, el Metaverso tendrá un papel muy relevante en los viajes. Al ponernos las gafas de RV, podremos visitar instantáneamente cualquier lugar del planeta sin tener que desplazarnos. El mundo del modelado y tratamiento de imágenes 3D ha cambiado drásticamente a lo largo de la última década. En el pasado, generar y sombrear modelos 3D realistas consumía muchos recursos, lo que generaba gráficos pesados que o bien no podían alcanzar una resolución aceptable, o no permitían un dinamismo realista (se necesitan 60 fotogramas por segundo para tener sensación de realidad y no de película proyectada). Hoy en día los últimos avances en computación espacial proporcionan mejores métodos de producción de imágenes tridimensionales y las tarjetas gráficas y conexiones a Internet también las procesan y transmiten de forma mucho más rápida y eficaz. Empresas líderes en este campo como Unity y Nvidia ya están desarrollando tecnologías visuales 3D de última generación que ofrecen sensaciones muy realistas. Estos gráficos se utilizan actualmente sobre todo en videojuegos, pero poco a poco se están introduciendo en la industria cinematográfica y también hay algunas iniciativas disponibles en el sector cultural que ofrecen la posibilidad de visitar museos famosos o lugares históricos. Muy pronto, contaremos con servicios de vídeo que nos permitirán viajar a cualquier parte del mundo sin movernos de casa. Y lo que es mejor, no tendremos que lidiar con lugares turísticos abarrotados y podremos elegir el clima que prefiramos para cada momento, evitando que nuestra experiencia se arruine por la lluvia, el frío o el calor.

Además, los viajes en el Metaverso no se limitarán a lo convencional. Una de las posibilidades más apasionantes que ofrecerá el Metaverso es el viaje en el tiempo. Al recrear cualquier ubicación pasada, ya sea a través de imágenes grabadas, fotografías o recreaciones mediante imágenes tridimensionales de objetos y lugares, con ayuda de la IA, lugares como Pompeya podrían visitarse justo horas antes de que el Vesubio entrara en erupción. O podríamos navegar en la *Santa María* con Cristóbal Colón en su viaje desde España hacia el descubrimiento del Nuevo Mundo.

Otra gran ventaja es que los viajes en el Metaverso serán perfectos para quienes les encanta viajar, pero están limitados de alguna manera. Profesionales que trabajan a tiempo completo y tienen poco tiempo libre, padres que no pueden viajar con niños pequeños, personas mayores con limitaciones físicas, personas discapacitadas y personas sin visado para visitar algunos países son ejemplos de vidas que cambiarán gracias a los viajes en el Metaverso.

Comercio electrónico

Uno de los grandes avances de la Web 2.0 (la red interactiva) ha sido el comercio electrónico. Numerosos propietarios de comercios han evolucionado hacia lo digital y muchos otros han puesto en marcha directamente tiendas de comercio electrónico que les aportan más ventas que sus tiendas físicas en zonas rurales, por ejemplo. El impulso dado por la pandemia de covid-19 ha hecho que las compras por Internet se conviertan en la norma y se desarrolle todo un ecosistema de comercio electrónico a un ritmo vertiginoso. Sin embargo, se espera que nuestros hábitos de compra online evolucionen mucho más con la llegada del Metaverso. Las marcas podrán abrir una tienda 3D en un centro comercial virtual y, con nuestras gafas o equipos 3D, podremos acceder a esas tiendas y probarnos la talla, el color y los arreglos necesarios de una prenda antes de efectuar la compra.

Por otro lado, muchas compras ocurrirán dentro de la economía propia de la realidad virtual: tendremos a nuestra disposición terrenos virtuales, objetos, NFT (acrónimo de *Non Fungible Tokens)* y otros bienes. Incluso se podrían efectuar pagos utilizando criptomonedas como Bitcoin, Ethereum o cualquier otra, incluidas las inminentes CBDC o criptomonedas emitidas por los bancos centrales, como el euro digital, el dólar digital o el yuan digital. La entrada del comercio electrónico en el Metaverso suscita muchas preguntas: ¿cómo serán las tiendas virtuales? Por ejemplo, hay que tener en cuenta que los usuarios navegan por el Metaverso generalmente a través de un avatar cuyo tamaño no es estándar en el sentido humano. Un avatar puede medir un metro ochenta, tres metros o medio metro de altura.

La mayoría de los comercios colocan los productos a determinadas alturas muy estudiadas en los estantes: los que tienen mayor margen de beneficio a la altura de los ojos, los que están de oferta un poco más abajo, los más baratos en los estantes inferiores (de manera que hay que agacharse, arrodillarse o arrastrarse para conseguirlos) y los de lujo un poco por encima de la línea visual (lo que los hace parecer más inaccesibles y exclusivos). ¿Qué pasará cuando un avatar pueda tener estaturas tan diversas? ¿Seguirán organizadas las tiendas en pasillos lineales distribuidos por secciones? La intuición nos dice que probablemente no; se desarrollará toda una nueva ciencia del marketing en espacios virtuales, quizás haciendo que sean los productos los que se muevan por la tienda en vez del cliente.

Además, el esfuerzo para poner a la venta los artículos en el Metaverso es mayor que en la Web 2.0, porque se necesitan modelos en 3D que probablemente, en el futuro, incluirán el peso, la textura, etcétera, para que el usuario los experimente como reales. Los objetos no rígidos, como las prendas de vestir, necesitarán aún más evolución para permitir a los usuarios experimentar el confort, la textura y el ajuste en un probador virtual.

Puesto de trabajo

Varios gigantes tecnológicos, como Microsoft, han estado trabajando en la creación de un metaverso para el puesto de trabajo. El plan inicial fue crear salas de reuniones virtuales donde poderse reunir mediante la realidad virtual. Durante la pandemia, las reuniones por videoconferencia se volvieron comunes, mediante aplicaciones como Zoom, Teams o Google Meet. Aunque la tendencia ha continuado, dada la facilidad para reunirse con personas lejanas y grupos dispersos, hemos empezado a notar los efectos de lo que se denomina «fatiga de Zoom», caracterizada por una menor atención cognitiva provocada por el hecho de no moverse durante largas horas de una posición sentada e interactuar siempre con una parte limitada del cuerpo (la cabeza). Las empresas están buscando formas mejores de reunir a sus empleados en línea que sean más naturales, saludables y eficaces.

En el Metaverso, una sala virtual de reuniones será mucho más realista. Las presentaciones serán más convincentes, la comunicación se percibirá más natural (con audio espacial y visualizaciones completas de participantes, por ejemplo) y la audiencia se sentirá más cercana físicamente. Una de las principales consecuencias que podemos esperar es que, a medida que se perciba la utilidad de los espacios de trabajo en el Metaverso, aumentará la cantidad de equipos compuestos por personal remoto y de diferentes países, incluso. Además, las empresas podrán mantener sus reuniones online y reducir así sus gastos de viaje. Aunque el Metaverso no emulará plenamente la interacción humana en un entorno físico, al menos en las etapas iniciales, proporcionará beneficios adicionales, tales como la traducción simultánea para reuniones internacionales, la minimización del tiempo de desplazamiento o la no necesidad de arreglarse para mostrarse ante la cámara, además de otros beneficios genuinos, como poder cambiar determinados rasgos físicos e incluso la luminosidad, el entorno y el clima del lugar de la reunión, para motivar emocionalmente a los asistentes.

Medios de comunicación

Uno de los principales efectos colaterales de la Web 2.0 ha sido que, gracias a que el usuario final puede interactuar con los proveedores de servicios, ahora Internet permite a los usuarios no solo consumir, sino también generar contenidos. Un ejemplo claramente significativo de este hecho son las redes sociales. Esta posibilidad hace que Internet brinde a los medios alternativos la oportunidad de competir en cierta forma con los medios de comunicación tradicionales. Como resultado, la prensa y las cadenas de televisión luchan por mantener el oligopolio del que han disfrutado durante décadas.

Es difícil predecir qué aportará la Web 3.0 en lo que respecta a los medios de comunicación. A los que están enmarcados en el sector del entretenimiento podría resultarles más fácil adaptarse al Metaverso, pero aún no está claro cómo evolucionarán los canales de noticias, por ejemplo. Sin duda, los gobiernos actuarán contra la descentralización total de las noticias, como lo hacen hoy. Sin embargo, el autoperiodismo y las redes sociales podrían adquirir cada vez más importancia a medida que las personas se sumerjan más en la realidad virtual y se acostumbren a los servicios bajo demanda. Probablemente tendremos más acceso a noticias personalizadas que la IA estime que nos van a interesar. Hasta la fecha, la revista *Time* ha dado el paso más sonado hacia el Metaverso desde un medio de comunicación, con el lanzamiento de un boletín semanal dedicado exclusivamente al Metaverso.

Educación

La pandemia de la covid-19 demostró que la educación presencial no es la única manera de aprender. Si bien la educación online presenta sus retos y contratiempos, el Metaverso ofrecerá algunas soluciones. Los profesores podrán interactuar con los alumnos en realidad virtual, compartiendo espacio, gestos y contexto mucho mejor que mediante videoconferencia. Aún más impresionante es que un profesor podrá instruir a cualquier alumno que no hable su mismo idioma, empleando técnicas de aprendizaje automático y tecnologías de traducción en tiempo real. Siendo un poco más visionarios, el mismo profesor podrá tener en funcionamiento su propio avatar enseñando a la vez a la clase en general y a los alumnos que necesiten métodos de refuerzo de manera individualizada. Es decir, el Metaverso permitirá que el mismo profesor, apoyado con técnicas de IA, se multiplique dentro de la clase para enseñar a distintos ritmos y resolviendo preguntas y dudas a los alumnos que lo necesiten.

El Metaverso también tiene el potencial de revolucionar la educación de otras formas. Por ejemplo, en vez de acudir a los libros de texto ilustrados o el contenido multimedia que emplea la educación online actual, los profesores podrían sumergir instantáneamente a los estudiantes en las escenas de estudio (imaginemos las implicaciones para el aprendizaje en arquitectura, medicina, historia, biología y el resto de las disciplinas).

Podemos esperar que, en el futuro, las escuelas universitarias de todo el mundo conviertan sus actuales campus virtuales en campus de metaverso. Ya está habiendo algunos casos. Por ejemplo, el Instituto Avanzado de Ciencia y Tecnología de Corea (KAIST) inauguró la Tecnópolis de Konza en Kenia, un campus que lleva aparejado un avanzado campus virtual con tecnologías de metaverso. La Universidad de Nicosia ha lanzado a lo largo de 2024 la UNIC Open Metaverse Initiative para desarrollar servicios en el Metaverso. Con el tiempo, estos ejemplos se multiplicarán y se harán más complejos, lo que dará como resultado que los programas de intercambio de estudiantes sean mucho más sencillos y demandados gracias a la interacción en espacios virtuales. Así, si la enseñanza online ya está cuestionando que la gente tenga que estudiar en un lugar concreto, el Metaverso probablemente cambiará esa tendencia para siempre, ya que la ubicación geográfica se volverá prácticamente irrelevante, pues se podrá estudiar en cualquier lugar sobre cualquier tema. Y esto, según se refleja en algunas publicaciones científicas, puede que acabe modificando el mapa universitario a escala mundial, llevando a una consolidación de las grandes universidades y a la progresiva desaparición de las más pequeñas. Como en otras grandes revoluciones, la tecnología transformará las raíces de la sociedad hasta cierto punto.

Finalmente, otro grupo que se beneficiará de la implantación del Metaverso en la educación son los estudiantes con alguna discapacidad. Los profesores lo tendrán más fácil para diseñar actividades personalizadas destinadas a ellos y la hospitalización a largo plazo no supondrá tanto obstáculo para el seguimiento del curso académico.

Videojuegos

La industria del videojuego será una de las primeras en entrar en el Metaverso. Los primeros usos de las gafas de realidad virtual se dieron en la industria del videojuego. Algunos motores de juego muy conocidos como Unity 3D ya ofrecen a los desarrolladores la posibilidad de adaptar sus juegos a dispositivos de RV. Además, la industria ha utilizado objetos y entornos tridimensionales durante décadas, lo que facilita la transición a la nueva era del Metaverso. Los juegos con gran número de seguidores, como los MMORPG (del inglés *massively multiplayer online role-playing game,* o juegos masivos de rol online multijugador) y los MOBA *(multiplayer online battle arena,* o juegos online de lucha multijugador), han acuñado sus propias monedas virtuales para permitir compras reales dentro del juego desde hace ya tiempo. Algunos desarrolladores ahora también aceptan pagos con criptomonedas.

La industria del videojuego tiene estas ventajas en cuanto a madurez y aceptación de nuevas tecnologías sobre otras, lo que la ha convertido en una de las pioneras de la Web 3.0. Desde los estudios de diseño de juegos más destacados que se están acercando al Metaverso hasta las pequeñas *startups* que introducen avances en el modelado 3D o la RV, la industria del juego seguramente será uno de los impulsores que darán forma al Metaverso en los próximos años.

Militar

El ejército siempre ha sido uno de los primeros en invertir en tecnología, aunque la mayoría de sus invenciones suelen permanecer en secreto durante algún tiempo para mantener la ventaja sobre los enemigos potenciales. Disponer de la última tecnología es esencial para que las fuerzas armadas mantengan su posición relativa de fuerza sobre otros ejércitos. Además, los ejércitos de todo el mundo dependen cada vez más de simulaciones para entrenar a su personal. Dado que el Metaverso creará simulaciones realistas, es natural que la industria militar quiera aprovecharlo. Optimus System fue una de las primeras empresas en apuntarse a este fenómeno. Esta empresa desarrolla y suministra simuladores de entrenamiento militar. DEIMOS, su tecnología de metaverso más reciente, ya ha sido lanzada al mercado global. El sistema crea entornos de entrenamiento militar para tiro de precisión, entrenamiento en cuanto a comportamiento táctico y entrenamiento de observación.

Los simulacros o juegos de guerra y el entrenamiento militar cuestan a organizaciones como la OTAN millones de euros al año. Con la ayuda de las tecnologías del Metaverso, estas organizaciones no solo podrán reducir su presupuesto, sino también aumentar la calidad de la formación y añadir más variables para estudiar el comportamiento humano bajo la presión de la guerra a través de la recopilación de datos biométricos y su integración en el sistema simulador.

Relaciones personales

Las citas online han cambiado la forma en que la gente se conoce. Hoy en día, conocer a alguien es tan sencillo como iniciar sesión en un sitio web o descargar una aplicación en nuestro teléfono. En este contexto, podemos vislumbrar que el Metaverso supondrá un salto más allá. Recordemos que la IA, especialmente en su modalidad de aprendizaje automático, es una parte crucial de aplicaciones de citas como OkCupid o Tinder para conectar a cada usuario con otras personas que comparten intereses parecidos. Esto no solo ahorra tiempo, sino que también aumenta las posibilidades de que la primera cita salga conforme a lo esperado.

Podemos esperar ver las mismas aplicaciones a mayor escala una vez que el Metaverso comience a difundirse entre la población. La diferencia es que muchas citas comenzarán a tener lugar en el espacio virtual, lo que conllevará ciertas ventajas, como no tener que compartir demasiada información personal en una primera toma de contacto, por si no salta la chispa. Esto podría implicar que las citas online fueran consideradas experiencias más seguras que las físicas en el futuro y, por lo tanto, preferibles. Además, el Metaverso hará posible las citas con parejas, familiares y amigos a larga distancia. Algunas parejas comienzan relaciones a distancia y otras evolucionan hacia relaciones a distancia debido al trabajo, como los oficiales del ejército, los pilotos o los directivos de empresas multinacionales. La era del Metaverso les dará a estas personas la oportunidad de estar virtualmente con su pareja o su familia para cenar o ver una película, incluso cuando estén a miles de kilómetros de distancia.

Otras transformaciones

No hay duda de que el Metaverso afectará a todos los sectores de una forma u otra. Se han mencionado los que tienen más posibilidades de experimentar cambios profundos con la expansión del Metaverso, pero no son los únicos. Los demás sectores también experimentarán cambios importantes. El arte, por ejemplo, se beneficiará de la representación tridimensional de objetos para mostrar y analizar antigüedades, objetos tribales y demás sin riesgo de deterioro, o para visitar enclaves arqueológicos como la tumba de Tutankamón o la ciudad romana de Pompeya sin necesidad de viajar y sin las restricciones de acceso ni la masificación que suelen tener esos lugares. Además, numerosos museos que deben mantener muchas obras de arte guardadas en sus almacenes por falta de espacio podrían mostrarlas virtualmente en el Metaverso y obtener ganancias adicionales o aumentar su reputación gracias a ello.

En el sector sanitario, utilizar espacios virtuales que permitan a un cirujano examinar al paciente y simular una operación quirúrgica antes de entrar en el quirófano multiplicará la disponibilidad de este recurso médico, escaso y costoso, además de reducir la dosis de anestesia, minimizando así el riesgo para el paciente.

Del mismo modo, como evolución de la Industria 4.0 (concepto que describe cómo las máquinas industriales se conectan a Internet para procesar y analizar los datos de los sensores y mejorar los procesos), el Metaverso ofrecerá a la industria muchas posibilidades con el empleo de la RA y la RV para probar, simular y diseñar mejores algoritmos sin interferir en la línea de producción y facilitar la operación remota en entornos peligrosos, como parte de lo que ya se denomina Industria 5.0.

Estos son solo algunos ejemplos ilustrativos de cómo el Metaverso entrará en todas nuestras vidas. En este escenario, es fundamental responder a tiempo. Al adoptar el Metaverso desde el principio y explorar su potencial, seremos capaces de aprovechar esta maravillosa tecnología y no quedarnos atrás mientras el mundo evoluciona.

Resumen

En este capítulo hemos visto cómo el Metaverso lo transformará todo. Las ideas principales se resumen a continuación:

- El Metaverso abrirá un nuevo hábitat para la humanidad, con muchas más posibilidades de las que disfrutamos en el mundo físico.
- Todos los sectores podrán desarrollar nuevos servicios y experiencias en el Metaverso, lo que conducirá a una transformación social completa.
- La industria del entretenimiento no estará limitada por una pantalla plana y la interacción con teclados, botones y pantallas táctiles.
- El sector de los viajes ofrecerá no solo viajes físicos, sino también virtuales, viajes enriquecidos con RA y «viajes en el tiempo».
- El comercio electrónico no consistirá simplemente en desplazarse por una tabla de imágenes de diferentes artículos, sino en tenerlos en nuestras manos, sentirlos y entrar en tiendas virtuales, igual que hacemos en las tiendas físicas.
- El sector de los medios de comunicación se transformará por completo gracias al contenido monetizado generado por los usuarios y al contenido generado por la IA. Es difícil decir qué pasará con las noticias, la información y la desinformación.
- La industria del videojuego será la más importante para satisfacer el tiempo de ocio de las personas, proporcionando una vía de evasión hacia una realidad mucho más atractiva.
- El sector militar se beneficiará de los mundos virtuales para aumentar su eficacia y reducir costes. En el futuro, la guerra también se librará en el Metaverso.
- Las citas y las relaciones personales cambiarán radicalmente, acercando a familiares distantes geográficamente y permitiendo mucha más granularidad a la hora de compartir información personal o privada con otras personas.
- El resto de los sectores también se transformarán con la llegada del Metaverso: sanidad, industria, arte, etcétera.

Capítulo 4
Quién está detrás

Algunos países han empezado antes que otros a regular el Metaverso y promulgar políticas para su uso o promoción, principalmente Estados Unidos, China, Japón, Corea del Sur y Emiratos Árabes Unidos (EAU). La mayoría de ellos, como es el caso de Estados Unidos, con su Oficina de Coordinación Nacional de Tecnologías de la Información Sanitaria, o EAU, con su Autoridad de Valores y Materias Primas, han abordado sobre todo cuestiones relativas a la tecnología Blockchain. Sin embargo, algunos países, como Corea del Sur, quieren tener un papel activo en la industria del Metaverso. Por ejemplo, la Oficina Coreana de Tecnología y Estándares empezó a considerar el Metaverso a principios de 2021.

Además de esto, se espera que las asociaciones de estándares más importantes, como ITU, IEEE, IET y WWW, desempeñen un rol bastante activo en la regulación del Metaverso a lo largo del tiempo, como entidades internacionales independientes que ayudan a todo el ecosistema tecnológico a interactuar y construir soluciones mediante el establecimiento de estándares de trabajo que sirven de incentivo para facilitar la interoperabilidad entre múltiples fabricantes y acelerar el desarrollo de nuevas soluciones.

No obstante, como ocurre normalmente, el dinero va donde hay negocio y viceversa, y la hoja de ruta tecnológica del Metaverso que se muestra en la figura 4.1 puede dar pistas más específicas sobre quién está haciendo un esfuerzo real por convertir el verdadero Metaverso en una realidad. Hay que tener presente que, aunque la mayoría de las empresas adopten los conceptos y la visión del Metaverso, también surgen dudas y recelos, e interpretaciones particulares que, cuando se trata de los grandes actores multinacionales, pueden dirigir los desarrollos en ciertas direcciones interesadas. Por ejemplo, aunque Apple y Microsoft tienen aplicaciones para espacios virtuales, consideran que la clave de sus respectivos éxitos es la conexión entre el Metaverso y el mundo físico con dispositivos adecuados. Esto sigue suponiendo un desafío, dadas las limitaciones técnicas que ya se han citado, por lo que consideran que superar este reto en torno a los dispositivos puede ser más importante que desarrollar el propio Metaverso. Creen que el propósito de crear espacios virtuales es sobre todo permitir a la gente mejorar la productividad, comunicarse y reducir los costes de producción en el mundo físico.

Según este esquema, es fácil ver quién está o se espera que esté detrás del Metaverso, es decir, las fuerzas que invierten e investigan para aportar soluciones y nuevas tecnologías que nos lleven a la siguiente iteración. Paul (Lik-Hang) Lee, del Instituto Avanzado de Ciencia y Tecnología de Corea (KAIST), una de las principales instituciones que invierten en el desarrollo del Metaverso, destaca el hecho de que «aún no hay una respuesta definitiva a la forma última del Metaverso, aunque puede considerarse un ciberespacio inmersivo». Lee cree que Meta, Snapchat y Niantic son actores significativos, centrados cada uno en diversos tipos de ciberespacio inmersivo. Meta posee la capacidad de equipamiento (como sus gafas Oculus) y el software (como, por ejemplo, Horizon) para desarrollar la próxima generación de plataformas sociales inmersivas en mundos virtuales 3D. Snap Inc. ofrece un marco de desarrollo de la realidad extendida, concretamente Lens Studio, para invitar a los creadores de contenidos a enriquecer los mundos físicos. Por último, Niantic permite utilizar los teléfonos móviles para superponer entidades digitales a entornos físicos. Su aplicación más destacada es el juego *Pokémon Go,* con más de mil millones de descargas.

En los apartados siguientes se hace un análisis más exhaustivo de los mayores inversores por regiones del mundo.

Estados Unidos

En lo que respecta a inversiones concretas para hacer realidad el Metaverso, hay algunas empresas representativas que ya están invirtiendo y posicionándose en la primera fase de su desarrollo. La mayoría, como cabe esperar dado el panorama tecnológico actual, son empresas multinacionales estadounidenses:

- Meta. La empresa antes llamada Facebook lanzó en septiembre de 2019 la plataforma social de realidad virtual Facebook Horizon, y luego una versión beta pública en

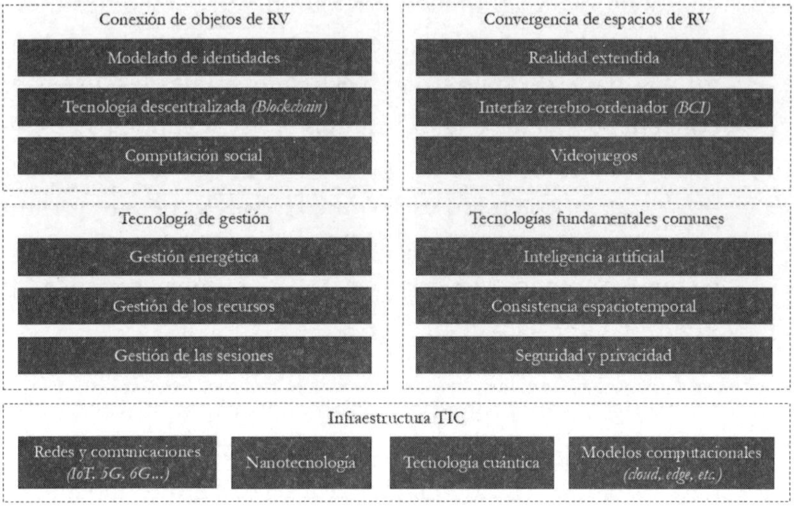

Figura 4.1. Hoja de ruta tecnológica del Metaverso, adaptada de H. Ning *et al.* (2021).

agosto de 2020. En julio de 2021 la compañía anunció que se transformaría en una empresa del Metaverso en un plazo de cinco años, invirtiendo al menos 10.000 millones de dólares en su proyecto Reality Labs. En el otoño de 2021, la empresa se rebautizó como Meta y lanzó su versión beta de metaverso, con una funcionalidad muy limitada. En 2022, la empresa también cambió la marca de su recién adquirida compañía de gafas de VR Oculus a Meta. Aunque los avances en el metaverso Meta aún son muy limitados, con idas y venidas en sus iniciativas, se espera una evolución importante en los próximos años, dado que la empresa también dispone de su propio hardware de RV para ofrecer una experiencia integral a los usuarios.

- Nvidia. Esta empresa anunció un plan para crear su primera plataforma de colaboración y simulación virtual, llamada Omniverse, en agosto de 2021. Esta plataforma puede utilizarse para conectar mundos 3D en un espacio virtual compartido y crear gemelos digitales que simulen edificios y fábricas del mundo real. Omniverse tiene tres componentes clave: el primero es Omniverse Nucleus, un motor de base de datos que permite a múltiples usuarios conectarse y crear una escena juntos; el segundo es el motor de diseño de objetos y animación para simular el mundo virtual, y el tercero es Nvidia CloudXR, para transmitir contenidos de realidad extendida a los usuarios. Omniverse también integra IA para generar y entrenar gemelos digitales en el Metaverso.
- Apple. Apple ha mostrado gran interés en el desarrollo de tecnologías relacionadas con el metaverso, enfocándose principalmente en la realidad aumentada (RA) y la realidad virtual (RV). En junio de 2023, presentó su modelo de gafas Apple Vision Pro, que integra RA y RV, orientado a aplicaciones de productividad, entretenimiento y comuni-

cación. Además, ha desarrollado herramientas como ARKit, una plataforma que permite a los desarrolladores crear aplicaciones de RA para dispositivos iOS. Apple ha continuado trabajando en nuevas generaciones de las Vision Pro, con mejoras significativas en cuanto a rendimiento y funcionalidad, así como en versiones a un precio más reducido para llegar a un público más amplio.

- Roblox. Esta es una empresa de videojuegos que está invirtiendo bastante en el desarrollo de juegos para el Metaverso. Siendo la mayor plataforma de videojuegos de contenidos generados por usuarios, los jugadores de Roblox pueden crear sus propios juegos y mundos virtuales. Pueden comprar, vender y crear objetos virtuales con los que pueden vestir y aderezar sus avatares. Roblox es compatible con dispositivos de RV para mejorar la inmersión del usuario, pero ofrece una compatibilidad limitada con la realidad extendida, ya que el entorno está concebido solo para juegos. Aun así, ahora mismo es uno de los mundos virtuales que más se acercan al concepto de Metaverso.
- Epic Games. Es otra empresa de videojuegos famosa por su motor de juegos Unreal Engine. En su juego más popular, Fortnite, considerado un prototipo de metaverso, los usuarios pueden crear sus avatares, comprar objetos digitales y disfrutar de películas y conciertos. En abril de 2021, Epic Games anunció una inversión de mil millones de dólares para construir un metaverso y adquirió Sketchfab, la mayor plataforma de objetos y modelos 3D, para hacerse con los usuarios de esta plataforma y aumentar así su cuota de mercado en el negocio del Metaverso.
- Amazon. Desde 2018, Amazon ha estado desarrollando una «nueva experiencia de compra en RV» y tratando de adentrarse en el Metaverso para crear un espacio de compra virtual donde los clientes puedan interactuar con versiones

digitalizadas de los productos. Esta empresa está construyendo una especie de «centro comercial virtual Amazon» en el Metaverso para afirmar su posición dominante en el sector del comercio minorista, extrapolándola al mundo virtual. Aunque la mayoría de estas iniciativas aún no han sido desveladas por la empresa, algunas funciones ya están disponibles. Por ejemplo, su herramienta de compra con realidad aumentada, Room Decorator, nos permite usar nuestro teléfono o tableta para ver cómo quedarán los muebles y otros elementos decorativos en nuestro espacio doméstico. Podemos ver múltiples productos juntos e incluso guardar las imágenes de RA de nuestra habitación para consultarlas más adelante.

- Disney. Esta empresa ya ha experimentado con algunas tecnologías base del Metaverso, como los NFT, en la serie Golden Moments, donde los NFT parecen estatuas inspiradas en historias de Disney, Pixar, Star Wars y Marvel. Pero Disney es un actor importante en este ámbito no solo por esta cuestión prácticamente anecdótica. La plataforma Nvidia Omniverse, antes mencionada, utiliza un lenguaje abierto estándar llamado USD *(Universal Scene Description),* proporcionado por Pixar, filial de Disney. Sin embargo, al margen de su liderazgo tecnológico en este campo, Disney es probablemente la empresa más ligada a los sentimientos, las emociones, los contenidos visuales y el entretenimiento. Y se espera que esta sea una de sus principales bazas para entrar en el Metaverso. Los directivos de Disney están pensando en formas de conectar mejor algunos espacios físicos como los parques de Disneylandia con iniciativas digitales como la plataforma de *streaming* Disney+, así como con los entornos virtuales a medida que vayan surgiendo. ¿Cómo podrían, por ejemplo, Disney+ y Genie, la aplicación de guía y orientación *in situ* de Disneylandia, colaborar para crear una experiencia única? El consejero delegado de Disney, Bob Chapek, ha afirmado que esta iniciativa «va a utilizar todos los activos importantes que nosotros, como empresa de medios, ofrecemos con Disney+ y los usará como plataforma para el Metaverso. Pero al mismo tiempo tenemos algo que nadie más tiene y es el mundo físico, el mundo de nuestros parques. Y si el Metaverso consiste en combinar lo físico y lo digital en un mismo entorno, ¿quién puede hacerlo mejor que nosotros?».

- Snap Inc. Con algunas soluciones como Lens Studio (o Snap AR), antes mencionada, y Snapchat, este es un proveedor importante que hay que tener en cuenta. Snapchat introdujo avatares personalizados y filtros para llenar el mundo con contenido digital. También lanzó el servicio Bitmoji, que permite a los usuarios posar en fotografías reales y crear sus propios avatares Bitmoji en 3D a partir de ellas. Aunque probablemente no sea una contribución relevante para acercarse al Metaverso, merece la pena mencionarla como una de las grandes apuestas de inversión en este campo.
- Decentraland. Esta iniciativa es un mundo virtual basado en Ethereum y fue el primer mundo virtual totalmente descentralizado y propiedad de los usuarios. El contenido principal de Decentraland son las obras de arte y tiene un lugar dedicado a la exposición de obras de arte digitales. Aunque se espera que aquí las inversiones sean mucho menores que las ya mencionadas, algunas grandes empresas están desarrollando sus mundos virtuales en Decentraland, como Samsung, de la que hablamos a continuación.

Corea del Sur

Otro país importante en el que se están realizando grandes inversiones públicas y privadas ligadas al Metaverso es Corea del Sur. Existen cuatro organizaciones relevantes relacionadas con la industria del Metaverso:

- Samsung. Samsung está llevando progresivamente sus productos y su estrategia hacia el Metaverso. Sus televisores inteligentes empezaron a equiparse con compatibilidad con NFT para mostrar material gráfico NFT. La empresa también abrió una tienda virtual en Decentraland, llamada Samsung 837X, como una versión digital de su tienda física Samsung 837. Además de esto, la compañía lanzó su propia red social relacionada con su tienda virtual, llamada Discord, que está teniendo un éxito enorme. Pero, además de ser un gigante tecnológico, Samsung es un actor financiero global a través de Samsung Asset Management, la mayor gestora de activos de Corea del Sur, que lanzó el Samsung Global Metaverse Fund, un fondo que invierte en ocho ámbitos: computación en la nube, RV, videojuegos online, pagos online, herramientas de diseño 3D, *marketplaces,* movilidad e industria de artículos de lujo.
- SK Telecom. En julio de 2021, SK Telecom presentó un mundo virtual llamado ifland, donde los usuarios pueden organizar reuniones y participar en ellas a través de personajes de dibujos animados. Ifland ofrece una gama de funciones para redes sociales y está creciendo hasta convertirse en un servicio accesible globalmente, impulsado por la cooperación con diversos socios. SK Telecom ha desarrollado tecnologías propias en RA y RV, y espera valerse de ifland como banco de pruebas para ellas.

- Urbanbase. Esta es una plataforma de datos espaciales en 3D para el desarrollo inmobiliario y el diseño de interiores. La empresa recaudó 13.000 millones de wones (más de 9 millones de euros) en la ronda de financiación B+ para desarrollar tecnologías de RV, RA y 3D para aplicaciones entre empresas (B2B, del inglés *Business-to-Business).* Se espera que sea uno de los desarrolladores tecnológicos de aplicaciones del Metaverso en los próximos años.
- Metaverse Alliance. La Agencia Coreana de Promoción de la Industria de la Información y las Comunicaciones reunió a 25 grandes organizaciones y empresas del país para formar la Metaverse Alliance. El objetivo de esta iniciativa es construir el ecosistema del Metaverso bajo el liderazgo del sector privado a través de la colaboración entre la administración pública y las empresas, proponer y desarrollar una plataforma de Metaverso abierta, y permitir que Corea del Sur y sus empresas se conviertan en líderes mundiales y de referencia para la futura expansión y adopción del Metaverso.

China

Como potencia tecnológica, China también cuenta con grandes empresas que realizan enormes inversiones para avanzar más rápido hacia el Metaverso:

- Tencent. Es una de las empresas multimedia más lucrativas del mundo. También es la mayor empresa de la industria de los videojuegos en cuanto a inversiones. Tencent ha destinado toda una serie de inversiones al ecosistema del Metaverso, entre las que se incluyen una plataforma de desarrollo de RA, un juego llamado *Avakin Life,* una plataforma de *streaming* de música, etcétera. Sin embargo, no ha revelado prácticamente nada sobre su hoja de ruta para llevar su cartera y sus clientes hacia el Metaverso.

- Alibaba. Aunque no se conoce mucho sobre la estrategia de Alibaba respecto del Metaverso, la empresa ha registrado marcas como Ali Metaverse y Taobao Metaverse. En 2022, para preparar el Festival de Compras 618, que se celebra anualmente en el país, la empresa Taobao de Alibaba lanzó un espacio de compras virtual abierto a sus clientes. A través de sus teléfonos, los compradores podían guiar sus avatares por tiendas 3D y participar en diversas actividades interactivas. Según la empresa, el proyecto sirve para llevar a cabo una exploración técnica de los escenarios de compras inmersivas que ofrece el Metaverso.
- HTC (Taiwán). HTC se hizo famosa hace tiempo por sus agendas electrónicas de mano o PDA *(Personal Digital Assistant).* El fabricante de dispositivos móviles vuelve ahora con fuerza, produciendo nuevos dispositivos para el Metaverso, especialmente gafas de RV y RA de altas prestaciones, que incluyen compatibilidad con Blockchain y conectividad fluida con el metaverso particular de HTC, llamado VIVERSE. Según la empresa, «VIVERSE proporciona una serie de herramientas, servicios y plataformas para que particulares, empresas, creadores y desarrolladores enriquezcan este nuevo espacio inmersivo».
- NetEase. El plan de NetEase en el Metaverso se centra en el sector de los videojuegos. Se ocupa de proporcionar herramientas que reduzcan las barreras y dificultades para el desarrollo de videojuegos. Esta empresa ha invertido en una plataforma de metaverso llamada Improbable, que permite construir mundos virtuales a terceros, y en una red so-

cial especializada en la creación de personajes virtuales llamada IMVU.

- ByteDance. Esta empresa es propietaria de plataformas de alta tecnología como Douyin. Ha invertido en computación espacial y en la plataforma de IA llamada Moore Threads. ByteDance lanzó el juego *Restart the World* y adquirió PICO, una empresa china de gafas de RV muy conocida.
- ZQGame. Esta empresa es un estudio de videojuegos chino que marca tendencia. En septiembre de 2021, ZQGame lanzó el avance del juego *Brew Master*, un juego que permite a los jugadores poner en marcha negocios en un entorno simulado y experimentar su impacto en la vida real. A modo de ejemplo, ZQGame planea emplear su videojuego para trasladar a los jugadores a la China de hace cien años y dejarles dirigir una bodega. Lo que lo diferencia de otros juegos es que la empresa planea cooperar con una bodega real para que los jugadores puedan recibir en sus casas los vinos que elaboren en el mundo virtual del juego.
- Wondershare Technology. Este gigante, desarrollador del editor de vídeo Filmora, ha invertido en Realibox para mejorar su plan comercial en el ámbito de la RV y la RA y proporcionar una base técnica sólida para el despliegue inicial del Metaverso. Como líder mundial en el desarrollo de software creativo, Wondershare también ha creado el Wondershare Creator Club en el metaverso de The Sandbox, proporcionando a los creadores más oportunidades de monetizar su pasión a medida que el Metaverso adquiere popularidad.

Europa

Europa nunca se ha distinguido por ser pionera en la adopción del Metaverso, así que las iniciativas de las empresas europeas en ese sentido son bastante limitadas. Algunos ejemplos son los siguientes:

- Maze Theory (Reino Unido). El famoso estudio británico de RV Maze Theory se ha propuesto crear un «metaverso de fans» en torno a personajes, temas y otros universos de fans conocidos (como, por ejemplo, el de la famosa serie británica *Dr. Who).*
- Stage11 (Francia). Esta plataforma musical cerró una ronda de financiación de cinco millones de euros, liderada por el fondo de capital riesgo europeo Otium Capital, para crear música inmersiva en el Metaverso.
- Gucci (Italia). La famosa marca de lujo Gucci ha lanzado calzado deportivo virtual. Después de comprar los zapatos, los consumidores pueden usarlos en la aplicación Gucci y en algunas plataformas sociales de RV, como VR Chat, o probarlos en la plataforma de videojuegos Roblox.

Japón

Tres empresas japonesas han dedicado inversiones importantes al Metaverso:

- Sony. Esta empresa es la propietaria de PlayStation, lo que la coloca en una excelente posición para explorar el Metaverso a través de los videojuegos. Pero el movimiento estratégico más significativo de la compañía puede ser su estrecha asociación con Epic Games, el fabricante del motor Unreal Engine, conocido por permitir los juegos más avanzados de la industria del videojuego actual. Como fabricante de dispositivos, Sony también está desarrollando sus propias gafas de RV para competir directamente con Meta y Apple.

- GREE. Esta empresa maneja la famosa red social japonesa Gree desde 2004. Se introdujo en el Metaverso con REALITY, una aplicación de transmisión virtual en vivo creada para teléfonos móviles. Tan solo con un teléfono, cualquiera puede convertirse en un avatar digital y transmitir todo tipo de contenidos. Los usuarios pueden llevar a cabo presentaciones digitales en directo, jugar o simplemente conversar sin mostrar su cara. Se estima que hasta 2024 se han invertido 10.000 millones de yenes (alrededor de 70 millones de euros) para sumar más de 100 millones de usuarios en todo el mundo.
- Virtual Avex Group. Es un consorcio japonés de entretenimiento que se ha desplazado a otros ámbitos comerciales, como la animación, los videojuegos y los eventos de música en directo. Avex planea promover personajes de animación o videojuegos ya existentes, organizar actividades de artistas virtuales, ofrecer conciertos virtuales de artistas reales y otras actividades.

Resumen

En este capítulo hemos visto empresas y actores concretos que ya están invirtiendo en el Metaverso. Resumiendo las ideas esenciales:

- El Metaverso está tomando forma. Aunque en el pasado hubo experimentos aislados, ahora las grandes corporaciones y asociaciones de estándares están invirtiendo y trabajando seriamente en este avance, aunque algunas veces, desde un punto de vista mediático, parezca que el impulso se detiene.
- Los gigantes tecnológicos Facebook, Apple, Microsoft, Google, Amazon y demás están invirtiendo con fuerza en

el desarrollo de aplicaciones y dispositivos para el Metaverso.

- En lo que respecta a los países, Estados Unidos tiene la lista más larga de grandes corporaciones que invierten en el Metaverso, con nombres populares como Nvidia, Epic Games, Disney y Apple y algunas menos famosas pero con proyectos específicos para el Metaverso, como Roblox, Snap Inc. y Decentraland.
- Corea del Sur se está enfocando en convertirse en un líder del Metaverso, y empresas como Samsung, SK Telecom o Urbanbase están invirtiendo grandes sumas de dinero en el desarrollo de aplicaciones, servicios y dispositivos para el Metaverso. Además, el gobierno de Corea del Sur ha creado la Metaverse Alliance para que grandes empresas coreanas trabajen juntas con objeto de convertir el país en una referencia mundial.
- China tiene un enorme potencial para convertirse en líder del Metaverso, con grandes corporaciones como Tencent, Alibaba, HTC, NetEase, ByteDance, ZQGame y Wondershare invirtiendo ya en ese terreno.
- Europa y Japón son dos economías relevantes con algunas iniciativas interesantes en torno al Metaverso.

Capítulo 5
Cómo está construido el Metaverso

El Metaverso todavía está en discusión y seguramente lo seguirá estando durante varios años, porque es un nuevo paradigma de acceso a la información digital mediante tecnologías emergentes y otras que ni siquiera existen hoy. En consecuencia, hay diferentes enfoques para describir sus componentes. Por ejemplo, Tan Ping, responsable del laboratorio de realidad extendida de la empresa china Alibaba, propone un modelo basado en gran medida en entradas visuales, dividiendo el Metaverso en cuatro capas: L1 (construcción holográfica), L2 (simulación holográfica), L3 (fusión virtual y real) y L4 (vinculación virtual y real).

Nosotros, por la naturaleza interdisciplinar del Metaverso, preferimos el modelo descrito en la figura 5.1, que tiene catorce áreas agrupadas en dos categorías principales: tecnologías y ecosistema. Estas impulsan el «Big Bang digital» desde Internet y la RV hasta el propio Metaverso.

En la categoría de tecnologías hay ocho pilares. Los usuarios pueden acceder al Metaverso a través de la realidad extendida y técnicas para la interactividad del usuario (como la manipulación de objetos virtuales). La visión artificial, la IA, las criptomonedas y la robótica/Internet de las cosas pueden ponerse al servicio del usuario para manejar diversas actividades dentro del Metaverso a través de la interactividad y la realidad extendida. El *edge computing* (poner toda la potencia de procesamiento en los dispositivos o sensores del usuario en vez de emplear la CPU del ordenador o recursos de computación en la nube) tiene como objetivo mejorar el rendimiento de las aplicaciones sensibles a la latencia y el ancho de banda. Por otra parte, la computación en la nube es reconocida por su potencia y su capacidad de almacenamiento altamente escalables. Aprovechar los servicios basados en la nube y el *edge computing* puede aportar sinergias como la maximización del rendimiento de las aplicaciones y, por ende, de la experiencia del usuario. En consecuencia, los dispositivos de *edge computing* y los servicios en la nube, combinados con redes móviles avanzadas, pueden facilitar el desarrollo de la visión artificial, la IA, la robótica y el Internet de las cosas si cuentan con la infraestructura informática adecuada.

La categoría de ecosistema describe un mundo virtual independiente que refleja el mundo real. Los usuarios en el mundo fí-

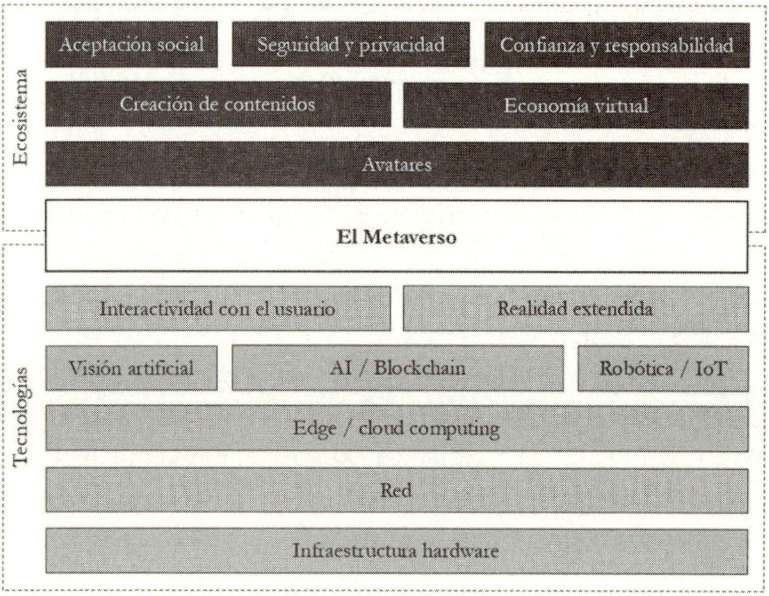

Figura 5.1. Las 14 áreas del Metaverso, agrupadas en dos categorías principales (fuente: Lee *et al.*, 2021).

sico pueden controlar sus avatares a través de la realidad extendida y técnicas de interacción para diversas actividades colectivas, como la creación de contenido. Por lo tanto, la economía virtual es un derivado natural de tales actividades en el Metaverso. Consideramos tres áreas de concentración en cuanto a aceptabilidad social: seguridad, privacidad y confianza/responsabilidad. De manera análoga a la sociedad en el mundo físico, la creación de contenidos y la economía virtual deberían atenerse a las normas y regulaciones sociales. Por ejemplo, la producción en la economía virtual debería estar protegida por el derecho de propiedad, mientras que los resultados de dicha producción deberían ser aceptados por el resto de los usuarios. Además, los usuarios esperarían que sus actividades no estuvieran expuestas a riesgos de pérdida de privacidad y amenazas a la seguridad, que se abordarán en el capítulo 7.

Dado el número relativamente elevado de componentes (14) considerados en este modelo del Metaverso, para los propósitos de este libro seguiremos una aproximación más clásica, pero útil, de los componentes del Metaverso (Park y Kim, 2022). Este modelo adopta un enfoque más sencillo para comprender mejor la construcción del Metaverso, considerándolo una combinación de hardware, software y contenido.

Soporte físico del Metaverso

El soporte físico, o hardware, específico para el Metaverso es clave para brindar una experiencia inmersiva, ya que el acceso estándar a Internet consiste principalmente en pantallas que no pueden ofrecer tal experiencia. Al mismo tiempo, el soporte físico es una barrera técnicamente limitante debido a la gran demanda de cómputo (especialmente para la generación de gráficos 3D y la computación espacial). Por lo tanto, el soporte físico del

Metaverso necesita de la vanguardia tecnológica y mejora rápidamente gracias al avance tecnológico.

Los dispositivos de interacción para el Metaverso deben cumplir las siguientes condiciones:

- Ser liviano, cómodo, ponible y portátil.
- Comportarse de forma transparente, es decir, debe permitir al usuario ignorar que está utilizando un artefacto tecnológico para sumergirse mejor en el mundo virtual.

El dispositivo esencial para acceder al Metaverso es una «pantalla montada en la cabeza» o HMD *(Head-Mounted Display,* en inglés), lo que solemos llamar «gafas de realidad virtual». Los factores clave para un dispositivo físico de este tipo son la resolución (cuántos píxeles ofrece para un ángulo de campo visual determinado), la amplitud del campo visual (cuanto mayor, más inmersiva es la experiencia) y la latencia (el retardo entre la generación de la imagen en el ordenador y su presentación al usuario). Como puede adivinarse, cuanto mayor sea la resolución, más realista será la visión, lo que se complementa con la amplitud del campo de visión para simular que estamos ahí. Sin embargo, incrementar cada uno de estos parámetros también supone un incremento de la cantidad de datos (bits) transmitidos entre la aplicación y el dispositivo HMD, lo que conduce a un aumento de la latencia, dando la sensación de una «realidad en cámara lenta» que imposibilita una experiencia inmersiva cuando se busca la interacción del usuario. El aumento del poder de cómputo y las conexiones de mayor ancho de banda que aportan periódicamente las tecnologías más novedosas hacen que la experiencia de inmersión vaya mejorando progresivamente con el tiempo.

Un dispositivo HMD, o gafas de RV, presenta dos imágenes sincronizadas, una para cada ojo del usuario, para dar la impresión de visión tridimensional. Como se muestra en la figura 5.2, cada ojo percibirá una imagen diferente dependiendo de la distancia a la que se encuentre un objeto respecto del observador. Con estas dos imágenes, el cerebro hace el resto del trabajo, detectando elementos coincidentes en cada imagen, midiendo las diferencias de posición en cada imagen (cada ojo) y calculando con esta información la distancia a la que se encuentra el objeto (no sabía los millones de cálculos que hace su cerebro cada vez que abre los ojos, ¿eh?).

Un HMD también puede incluir unos auriculares para escuchar audio estéreo. El audio no representa ningún reto tecnológico significativo porque es mucho menos exigente que el vídeo.

Los dispositivos HMD se clasifican en no transparentes, de óptica transparente y de vídeo transparente (Ruffner *et al.*, 2004). Un método que cubre completamente la visual del usuario proporciona una sensación de inmersión en un mundo completa-

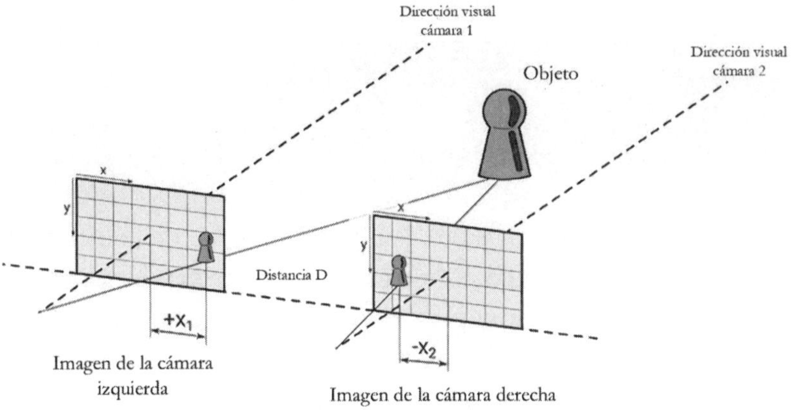

Figura 5.2. Percepción de la distancia mediante dos cámaras (u ojos).

mente virtual (RV). La transparencia óptica (utilizada principalmente en RA) es un método para superponer información y objetos artificiales en el mundo real y requiere altas prestaciones para realizar correctamente la superposición, detectar e interpretar primero la realidad física registrada por las cámaras u otro tipo de sensores, y luego superponer la información digital sobre ella, en la posición móvil adecuada.

Para complementar este método se pueden emplear dispositivos «videotransparentes». En esta modalidad, se produce una representación de vídeo completa a partir de la grabación de la escena real y se añaden objetos virtuales o información extra, en lugar de utilizar un cristal transparente que permita al usuario ver la realidad a través de él. Es la tendencia más actual, que utilizan gafas como las Apple Vision Pro o las Meta Quest de tercera generación. ¿Qué aplicación podría tener esa tecnología? Por ejemplo, un piloto podría ver a su alrededor a través de una cámara de 360 grados colocada fuera del avión, con información superpuesta sobre el destino, la pista de aterrizaje, etcétera. O se podría conducir un tanque desde dentro sin ventanas y viéndolo todo. O, simplemente, se podría facilitar el procesamiento de la computación espacial digitalizando completamente la escena y ofreciéndola totalmente reconstruida al usuario, como hacen Apple y Meta.

Dispositivos de seguimiento manual

Normalmente, la mayor parte de nuestra interacción con el mundo real implica el uso de las manos. Necesitamos poder hacer lo mismo en el Metaverso y para ello se han concebido varias tecnologías. La más simple consiste en mandos a distancia inalámbricos que se pueden agarrar con cada mano, equipados con sensores de movimiento (orientación, acelerómetros, impacto e incluso botones), como los que utiliza el famoso Meta Quest (figura 5.3).

Esta tecnología, que permite a las personas interactuar directamente con su cuerpo, sin movimientos complicados o indirectos (como en el caso de un *joystick),* se conoce como tecnología somatosensorial. Otras tecnologías de este tipo más complejas utilizan una cámara para monitorizar los movimientos de las manos, como ocurre con las Apple Vision Pro y con el caso ilustrativo que se presenta en la figura 5.4, de la empresa europea ManoMotion. También se podría utilizar un teléfono móvil, que incorpora numerosos sensores de movimiento, o un *smartwatch* para interactuar con el Metaverso en las aplicaciones más sencillas, sin necesidad de un dispositivo especial.

Una tecnología de interacción de manos más avanzada en el Metaverso son los llamados «sensores hápticos» y «actuadores». Estos sensores pueden medir la presión sobre ellos o incluso ejercer presión sobre una superficie y suelen implementarse en guantes. Con los sensores hápticos, uno puede agarrar un objeto

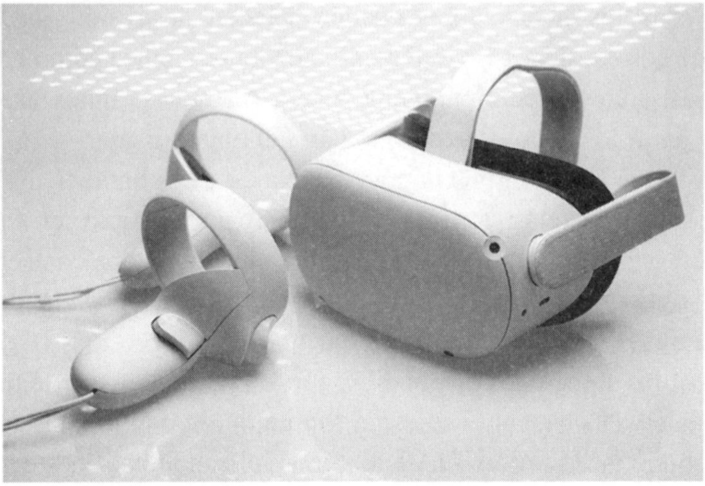

Figura 5.3. Dispositivo de seguimiento manual utilizado por el equipo Meta Quest.

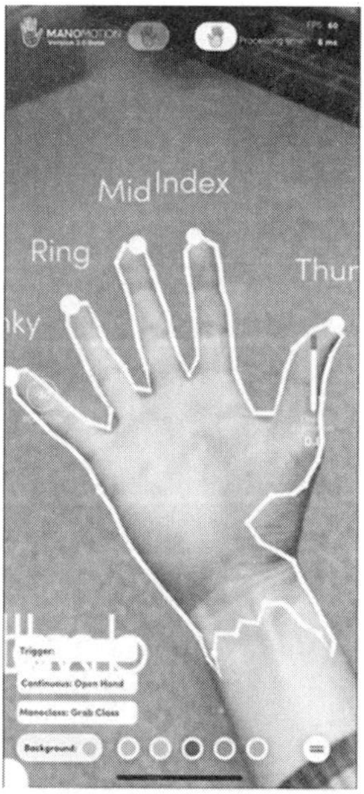

Figura 5.4. Tecnología ManoMotion de reconocimiento de manos en movimiento.

virtual y sentirlo como si realmente estuviera ahí, en la mano. Los sensores y actuadores pueden detectar la presión que uno ejerce con los dedos (lo que técnicamente se conoce como háptica pasiva) y proporcionar una fuerza reactiva (háptica activa) para parar los dedos tal como lo haría el objeto físico.

Si bien la tecnología háptica pasiva está ampliamente implementada y es relativamente económica (por ejemplo, el Apple Pencil o el panel táctil del MacBook están equipados con sensores hápticos para detectar diferentes niveles de presión desde hace años), agregar actuadores reactivos es mucho más complicado y las soluciones disponibles aún son voluminosas y experimentales. No obstante, se están logrando algunos avances para proporcionar la sensación de texturas aplicando patrones de microfuerza en las yemas de los dedos. Las aplicaciones de todo esto son limitadas, pero la tecnología háptica podría ser el origen de un nuevo conjunto de servicios (un ejemplo clásico es el botón central virtual que incorporaban los iPhone 7 y algunos modelos posteriores, donde un pequeño impulso mecánico daba la sensación de pulsar un botón real).

Otros dispositivos de entrada

Son muchas las tecnologías utilizables para interactuar en el Metaverso. Algunas, como el reconocimiento de voz, son ampliamente conocidas, pero otras, como el seguimiento de los ojos o de la cabeza, no son tan comunes. El seguimiento ocular es un método para cambiar el punto de vista o la flecha del ratón siguiendo el movimiento de los ojos, por lo general mediante una cámara para grabar la cara del usuario. Es una tecnología que permite al usuario cambiar la dirección de la mirada para efectuar acciones en una pantalla o un mundo virtual. En las aplicaciones del Metaverso, tiene la ventaja de reducir la carga del procesamiento de imágenes al generar imágenes de alta resolución solo en la sección en la que el usuario fija la mirada, aplicando un método similar al de la fóvea del ojo humano.[1]

Un paso más hacia la integración de nuestro movimiento físico en el Metaverso, proporcionando un uso efectivo del sentido físico del espacio o la gravedad, es el seguimiento corporal y la cinta de correr, que pueden utilizarse para proporcionar información precisa sobre el movimiento mediante dispositivos auxiliares. Los sensores de movimiento también se dividen en pasivos y activos. El método pasivo proporciona una sensación al usuario con un patrón fijo, por lo que los movimientos de este normalmente

1. La fóvea es una sección central del interior del ojo que presenta una alta densidad de células sensibles a la luz para permitirnos ver con mayor resolución. La densidad celular disminuye a medida que nos alejamos de la fóvea, lo que hace que nuestra visión tenga menor definición en los contornos de nuestro campo visual.

son limitados. Por ejemplo, imaginemos un juego en el que el jugador está en un mundo 3D y el sistema siempre orienta el avatar del jugador hacia el camino correcto. De este modo, el usuario solo necesita mover los brazos o la cabeza, no todo el cuerpo. El método activo, por el contrario, es un método que proporciona una retroacción apropiada basada en el comportamiento físico completo del usuario. Se utiliza de diversas formas para dar realismo, desde un simple paseo hasta una rotación de 360 grados. Los métodos activos requieren mucho más espacio físico en torno al usuario e implican riesgo de lesiones no solo por golpearse contra muebles y objetos reales, sino también por perder el equilibrio, porque las experiencias inmersivas pueden enviar señales de orientación a nuestro cerebro que difieren de la orientación física de nuestro cuerpo.

Soporte lógico del Metaverso

Para los desarrolladores de software, el Metaverso puede describirse como una combinación de objetos y escenas que proporciona un entorno con contenidos y experiencias para los usuarios. Considerando este enfoque, todo el soporte lógico del Metaverso se puede clasificar en dos grupos: programas de reconocimiento (de objetos, habla o comprensión del entorno) y programas de generación (de objetos, habla o escenas).

Por lo tanto, las aplicaciones del Metaverso necesitan ir un paso más allá de las aplicaciones convencionales de Internet, en el sentido de que estas últimas solo requieren reconocer dónde apunta o hace clic el usuario, mientras que las primeras implican que un ordenador aprenda y comprenda el entorno espacial del usuario y sus gestos. Esto es lo que técnicamente se conoce como cognición y se realiza mediante la computación espacial. Hay dos tipos de cognición: estática y dinámica. La cognición estática es lo que sentimos directamente a través de los sentidos (como la vista, el oído y el tacto), mientras que la cognición dinámica es el equilibrio sensorial más el movimiento corporal. En la cognición dinámica, la adaptación, la atención y el comportamiento son características importantes que requieren una potencia computacional descomunal.

Yendo más allá, la cognición puede estar relacionada con el entorno o con un objeto. Como puede imaginarse, el conocimiento de un objeto (por ejemplo, una pelota, un coche o un caballo) es mucho más fácil que el conocimiento del entorno, que es una gran combinación de objetos que interactúan entre sí. Los primeros pasos del Metaverso implicarán un gran desarrollo de programas de reconocimiento de objetos, incluyendo poses, gestos y rostros (como hace, por ejemplo, el algoritmo Face ID de Apple), mientras que la cognición del entorno requerirá mucho más esfuerzo y se espera que no llegue hasta una fase posterior, con un gran apoyo y madurez de los algoritmos de IA.

Más allá del software de aplicación convencional, que será como las aplicaciones actuales de Internet, basadas en gestión de bases de datos, procesamiento de datos, representación gráfica, etcétera, a continuación se describe el software propio del Metaverso, que será necesario desarrollar para que este se convierta en una realidad.

Programas de reconocimiento de escenas y objetos

El reconocimiento de objetos es el proceso de reconocer el tamaño, la forma, la posición, el brillo y los colores de los objetos según la distancia. El reconocimiento de escenas es el reconocimiento de los objetos en un espacio concreto que rodea al observador y las interacciones entre ellos, para obtener el contexto de la escena. Los grafos de escena son un buen enfoque para representar escenas de manera que puedan ser interpretadas por algoritmos. Un grafo consta de nodos que contienen cierta información (por ejemplo, los objetos de la escena) y vínculos entre ellos, indicativos de interacción o relaciones. Los grafos de escena suelen emplearse en aplicaciones de edición de gráficos vectoriales y en videojuegos modernos que organizan la representación lógica, y a menudo la espacial, de una escena gráfica. Algunas técnicas aplican métodos de IA generativa y grafos de escena para clasificar objetos en situaciones superpuestas y predecir posturas humanas sobre la base de información espacial, comportamiento registrado, etcétera.

Una vez más, cuando se reconocen multitud de objetos de una escena mediante la detección de objetos individuales, el volumen de cálculo aumenta en proporción al número de objetos, razón por la cual a veces se aplica cierta abstracción a los objetos para reducir la demanda computacional y conseguir un reconocimiento de objetos rápido y un proceso de entrenamiento eficiente de los sistemas de IA para ese reconocimiento. Por ejemplo, una vez que un objeto se detecta como una bola, para minimizar los datos asociados a ese objeto se lo puede representar simplemente como una esfera de cierto color, donde solo se indican las coordenadas del centro de la esfera, su radio y su color.

Programas de reconocimiento de sonido y voz

Reconocer sonidos y procesar el habla nos ayuda a comprender nuestro entorno y comunicarnos con los demás. La conversación es un método directo de comunicación con otras personas (avatares, en el Metaverso) y de dar instrucciones a las aplicaciones del Metaverso. Hay tres tecnologías asociadas con el reconocimiento de sonido y voz que se aplicarán en el Metaverso:

- Cancelación de ruido. Una tecnología que separa el ruido circundante de la propia voz.
- Audio espacial. El volumen de cada sonido en la vida real depende de la distancia y, además, se percibe de manera distinta por cada oído según el lugar del que proceda. En el Metaverso hay que implementar la misma sensación. Cada fuente de sonido grabada para su uso en un entorno de RV o RA debe considerar la distancia y el punto de donde proviene el sonido. De esa manera, los usuarios sabrán instantáneamente de qué extremo proviene el sonido, teniendo una experiencia realista e inmersiva. Esto es particularmente relevante para proporcionar experiencias inmersivas en conciertos y otros eventos musicales.
- Reconocimiento de voz. Ya estamos acostumbrados al reconocimiento de voz, principalmente gracias a asistentes virtuales como Alexa o Siri. Dado que la experiencia inmersiva en el Metaverso comportará una interacción adicional de todo nuestro cuerpo con las aplicaciones digitales, el reconocimiento de voz se vuelve esencial. Con el tiempo, los usuarios exigirán una interacción natural con personajes virtuales realistas del Metaverso, a veces muy difíciles de diferenciar de las personas reales. Para eso, estos personajes virtuales deberán incorporar una perfecta comprensión del habla. Pero el reconocimiento de voz se hará necesario mucho antes, dado que el Metaverso brindará inmediatez a muchos aspectos de nuestra vida (por ejemplo, viajar de un lugar a otro en segundos, entrar y salir de tiendas rápidamente) donde nuestra visión estará en el mundo virtual y no podrá ver un teclado físico para comunicarnos.

Programas de generación de escenas y objetos

El método de generar el entorno y los objetos en el Metaverso se divide en dos ámbitos: la representación del mundo real y la creación de nuevos entornos imaginarios. Una forma realista de representar el entorno del mundo real es reproducir lugares comunes con alta fidelidad (resolución, iluminación, texturas, etcétera), como museos, sitios públicos, nuestra propia casa, etcétera. Alternativamente, es posible recrear entornos de difícil acceso o completamente inexistentes, como el interior del *Titanic,* la superficie de la Luna o Marte, el *Halcón Milenario* de *Star Wars,* etcétera, para brindar nuevas experiencias.

Pero cuando hablamos de generación de objetos, también nos referimos a representaciones humanas, es decir, avatares. En el Metaverso, a través de un escáner 3D, es posible recrear nuestro rostro y cuerpo en una perfecta réplica virtual 3D. Los algoritmos de aprendizaje automático pueden hacer el resto para simular los movimientos humanos naturales en ese avatar y hacerlo parecer un registro realista de nosotros mismos. Esto está estrechamente relacionado con el concepto de *deepfake,* que consiste esencialmente en utilizar la réplica de cualquier persona para hacer creer a otros que esa persona realmente hizo o dijo algo, cuando no fue el caso.

Finalmente, adentrándonos más en el mundo surrealista que abrirá el Metaverso, otro tipo de objetos que ya vemos en los videojuegos son animales imaginarios (unicornios, dragones, etcétera) y objetos antropomórficos (como sillas parlantes, por ejemplo). En conclusión, aunque la generación de objetos y escenas es de entrada mucho más fácil que el reconocimiento, abre un vasto mundo de posibilidades que harán que la RV sea mucho más rica y apasionante que la realidad limitada que conocemos en la actualidad.

Síntesis de sonido y habla

La síntesis de sonido es un recurso que permite dar al usuario una sensación de inmersión. Se crea un sonido en el espacio para proporcionar la sensación de presencia en el lugar y aumentar la sensación de inmersión. Diferenciamos dos enfoques:

- Síntesis de voz. En los últimos años se han realizado grandes esfuerzos para conseguir voz por ordenador realista. Algunas aplicaciones utilizan las técnicas de IA más recientes para replicar la entonación y el acento de diferentes voces en numerosos idiomas según la frase y el contexto, lo que hace ya prácticamente imposible distinguirlas del habla humana real. La síntesis de voz estará a menudo presente en las aplicaciones para un entorno tan interactivo como el Metaverso.
- Síntesis de sonido. Probablemente sea el tipo más sencillo de recurso para el Metaverso, pues ya está ampliamente implementado en videojuegos y aplicaciones de *home cinema*. El propósito es proporcionar experiencias de audio espacial al experimentar entornos de RV o servicios de RA (por ejemplo, semáforos y señales de tráfico que emitan señales acústicas a los conductores solo dentro de sus automóviles).

Programas de «renderización» de movimiento

Hay dos maneras principales de monitorizar el movimiento de los usuarios y trasladarlo («renderizarlo») al Metaverso: usar cámaras para registrar los gestos y poses del usuario junto con algoritmos de procesamiento de imágenes, o dotar al usuario de dispositivos portátiles en sus piernas, brazos, manos u otras partes del cuerpo para medir su posición, orientación y aceleración. Mientras que el primer método es menos invasivo y mucho más asequible (solo se necesita una cámara y un programa), el segundo es más preciso, especialmente en condiciones de poca iluminación o en lugares donde hay más de una persona en movimiento. Aunque hoy en día es posible capturar el movimiento 3D en tiempo real de escenas complejas con una cámara y aislar partes del cuerpo humano, este método todavía es limitado a la hora de capturar interacciones cercanas entre personas (como, por ejemplo, abrazos) o entre una persona y un objeto (como la captura de gestos que hacen las gafas Apple Vision Pro).

El contenido como núcleo del Metaverso

El contenido es el componente fundamental que da sentido al Metaverso. Se utiliza para proporcionar una experiencia inmersiva a través de historias bien organizadas y eventos creados por los usuarios. La realidad de la historia, la experiencia inmersiva y la integridad conceptual son importantes en el contenido. Hay dos formas de crear contenido: adaptarlo y reutilizarlo, o producirlo desde cero.

Aunque estamos acostumbrados a encontrar texto, imágenes, sonido y vídeo en Internet, es en el Metaverso donde todo tipo de contenido pasa al siguiente nivel. En el Metaverso, los usuarios crearán grandes cantidades de contenido multimedia (por ejemplo, imágenes y vídeos) y texto no ya grabando con sus móviles, sino principalmente porque ellos mismos evolucionarán dentro de un mundo virtual compuesto de imágenes, vídeos y objetos 3D. Los datos multimedia generados de esta manera expresarán los pensamientos y las experiencias del usuario y se almacenarán y procesarán como contenido multimodal, el cual enriquecerá el contenido inicial, agregando información que podrá provenir de otros elementos o del entorno (virtual o real) o crearse por una aplicación que haga uso de la IA o técnicas similares.

Además, dado que el Metaverso contendrá numerosos mundos virtuales interconectados, no basta con conectar objetos, porque este proceso manual sería inmanejable a gran escala. Surge, pues, la necesidad de un método para expandir e inferir vínculos entre entidades, de acuerdo con reglas específicas o de manera automática.

Generación de escenarios

Un escenario es el viaje esperado que experimentará un usuario al utilizar cualquier servicio del Metaverso. Los proveedores de servicios deben concebir escenarios abiertos y flexibles que permitan a los usuarios navegar, igual que los sitios web, pero también definir el viaje idealmente esperado para lograr los objetivos establecidos por el proveedor de servicios (por ejemplo, comprar un producto, suscribirse a un servicio, contactar con una persona, revelar alguna información personal).

Por esta razón, en lugar de enumerar o mostrar eventos u objetos aislados en el Metaverso, es vital encontrar relaciones entre ellos y construir una línea argumental basada en ellas. A diferencia de los escenarios basados en texto o los escenarios gráficos planos que se encuentran en los sitios web, el Metaverso es más complejo porque debe configurarse en entornos multimodales y corporales. Las entidades y relaciones se utilizan para organizar eventos y los eventos deben combinarse orgánicamente para formar líneas argumentales, las cuales construyen la estructura general y sirven como índice que vincula cada evento.

Para componer una línea argumental, es necesario conectar, mediante un modelo de grafo, eventos que consisten en entidades y sus relaciones. Los eventos se dividen en eventos principales y subeventos, según su relevancia en el progreso del escenario. Los métodos de construcción de escenarios incluyen secuencias continuas, estructuras jerárquicas y el proceso basado en centrar la atención en contenidos de interés.

La acumulación de los datos de comportamiento del usuario en un escenario a lo largo de la vida de su avatar nos lleva al concepto de bitácora de vida *(lifelogging)*. Así, iniciaremos sesión en el Metaverso con los datos de «toda nuestra vida». Esto crea nuestros propios escenarios clave, extraídos mediante el modelado de temas y datos de usuario multimodales personalizados. Hay algunos ejemplos de utilización de la bitácora de vida para proporcionar la máxima personalización en el Metaverso, como un director de teatro que personaliza las funciones para cada usuario con tramas y secuencias adaptadas a sus gustos (Yu y Riedl, 2012).

Enriquecimiento del escenario

Los escenarios se expanden agregando entidades y vinculando las entidades agregadas mediante relaciones. Las líneas argumentales forman un esqueleto y expanden entidades y vínculos a eventos para crear historias de interés para los usuarios. Las conexiones entre unos eventos y otros están constituidas por relaciones, que están vinculadas dentro del escenario, generando una experiencia de usuario completamente inmersiva.

En el proceso de enriquecer los grafos de escenario se emplea la conversión modal (por ejemplo, conversión de texto a vídeo y de vídeo a texto) para la integración multimodal. Como se espera que la mayor parte del contenido del Metaverso sea vídeo, lo que exige mucho poder de cómputo para procesar y extraer significado, se necesitan algunas técnicas para extraer información valiosa en forma de texto de las secuencias de vídeo (por ejemplo, el usuario está mirando el objeto, el usuario está cogiendo el objeto, el usuario permanece cinco segundos mirando el objeto antes de tocarlo). Esto facilitará la construcción de escenarios como una combinación de reglas de tipo «si... entonces...» (por ejemplo, si el usuario mira fijamente el objeto durante más de tres segundos, haga que el objeto rebote y agregue una etiqueta que diga «cógeme»).

Contenido generado por el usuario

Uno de los pilares del Metaverso es el contenido generado por usuarios (UGC, por sus siglas en inglés). Al igual que en las redes sociales actuales, en el Metaverso se espera una interacción continua entre los usuarios, solo que mucho más rica. La experiencia inmersiva que proporciona y las infinitas posibilidades de desarrollar nuevas aplicaciones y servicios contribuirán a ello. En este contexto, los NFT proporcionarán una forma eficaz de demostrar que el UGC es único y no fungible (es decir, no intercambiable) cuando así se desee, lo que permitirá a los propietarios de contenidos digitales vender o intercambiar su propiedad mediante *smart contracts*.

Resumen

En este capítulo, hemos leído sobre las siguientes ideas acerca de cómo se construye el Metaverso:

- La arquitectura del Metaverso todavía está en discusión. Hay un buen modelo propuesto para el Metaverso que contiene 14 elementos. No obstante, un enfoque más básico permite clasificar los componentes del Metaverso en hardware, software y contenido.

- El hardware está dominado por los HMD, comúnmente conocidos como gafas de realidad virtual. Hay otros dispositivos para interactuar con el Metaverso, como dispositivos de seguimiento de manos (basados en controles físicos o seguimiento directo de gestos mediante una cámara), seguimiento ocular, dispositivos portátiles, etcétera.
- En cuanto al software, existen diferentes categorías para el nuevo software requerido por el Metaverso, además de las aplicaciones tradicionales: reconocimiento de escenas y objetos, reconocimiento de sonido y voz, generación de escenas y objetos, síntesis de sonido y voz, y representación de movimiento. Algunos proveedores, como Nvidia Omniverse y las Apple Vision Pro, ofrecen el conjunto completo (o un grupo de funciones) en un marco de desarrollo de software.

Capítulo 6
Tecnologías inmersivas: realidad aumentada, virtual y otras

El Metaverso es fundamentalmente una experiencia inmersiva. Para hacer que las experiencias sean inmersivas, es esencial acudir a la realidad virtual (RV), la realidad aumentada (RA), la realidad mixta (RM) y la realidad extendida (RX), con sus tecnologías asociadas. Este capítulo ofrece una descripción práctica y algunos ejemplos para ilustrar cómo el desarrollo de aplicaciones del Metaverso se sustentará en estas tecnologías y cómo estas están progresando en la actualidad.

Realidad virtual

La realidad virtual es un concepto que alude a un entorno alternativo e independiente que se ha creado mediante herramientas digitales. Este entorno proporciona una experiencia simulada de una realidad diferente y hace que los usuarios se sientan inmersos en ella, ubicados en un mundo diferente. Los sistemas de RV están diseñados para que los usuarios se sientan «dentro» de otro mundo, interactuando con elementos en el espacio virtual de manera muy similar a como lo hacen en el mundo físico. Con la ayuda de equipos multisensoriales especializados, como cascos de inmersión, gafas de realidad virtual y cintas de correr omnidireccionales, esta experiencia se amplifica a través de la visión 3D, el sonido espacial, la sensación táctil, el movimiento y la in-

Figura 6.1. Ejemplo de mundo virtual con una persona que emplea un kit de RV para moverse por su interior manipulando un extintor de incendios virtual.

teracción natural con objetos virtuales. En la figura 6.1 se muestra un ejemplo de realidad virtual.

Se puede decir que la RV es una visualización tridimensional inmersiva generada por ordenador con la que los usuarios pueden interactuar. La RV ha estado en desarrollo desde la década de 1980. Si bien los primeros intentos de anticipar los usos y las sensaciones de la RV pueden parecer ahora ingenuos y torpes, sus herramientas, como las gafas 3D y los guantes de datos, se han ido adoptando paulatinamente. Las oportunidades que vislumbraron los pioneros de la RV y las aspiraciones de los primeros desarrolladores se han convertido en parte de los productos actuales. Para muchos, el juego Second Life fue la primera RV utilizable que estuvo disponible comercialmente. Sin embargo, allá por 1994, VRML (acrónimo de *Virtual Reality Modeling Language,* «lenguaje de modelado de RV») fue la primera RV disponible en Internet, posibilitando a los usuarios «nadar a través de datos web».

Para implantar la RV, las gafas de RV comerciales están equipadas con sensores que detectan el movimiento de la cabeza (generalmente con seis grados de libertad, como se muestra en la figura 6.2).

Además, los kits de RV proporcionan algunas técnicas de interacción, incluyendo habitualmente mandos. De esta manera, los usuarios pueden sumergirse en un entorno virtual y pueden interactuar con objetos virtuales de manera similar a como lo hacen con la realidad física. El Metaverso se beneficia enormemente de la RV, ya que el contenido y los servicios se proporcionarán frecuentemente de manera inmersiva mediante RV. Hoy en día los entornos virtuales comerciales permiten a los usuarios crear contenidos y también colaborar entre sí en tiempo real. Esto está en línea con los requisitos bien definidos de los entornos virtuales exigidos por el Metaverso: una sensación compartida de espacio, de presencia y de tiempo (interacción en tiempo

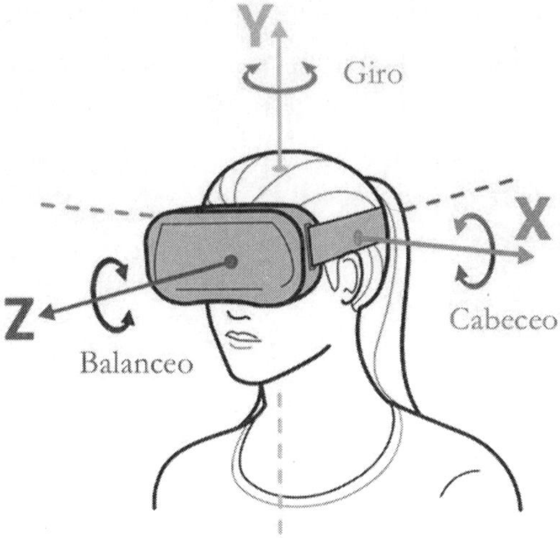

Figura 6.2. Los seis grados de libertad (dos para cabeceo, dos para balanceo y dos para giro) en un casco de RV.

real), una manera de comunicarse (mediante gestos, texto, voz, etcétera) y una forma de compartir información y manipular objetos.

Se puede decir que la RV permite mundos virtuales y que los mundos virtuales son subconjuntos del Metaverso. Diferentes usuarios en un mundo virtual recibirían la misma información y el mismo entorno. Los usuarios también pueden interactuar entre sí de manera coherente y en tiempo real. Así pues, la percepción de los usuarios y la colaboración entre todos ellos en un mundo virtual son claves para permitir la correcta experiencia del Metaverso. Como veremos a continuación, en la etapa final del Metaverso los usuarios situados en un mundo virtual podrán trabajar simultáneamente no solo en la RV, sino también incorporando elementos y experiencias del mundo físico con ayuda de las realidades mixta y extendida.

Sin embargo, la combinación de los diferentes mundos o espacios de RV para construir un único Metaverso constituye un enorme reto, principalmente por la complejidad inherente al diseño de esos mundos virtuales y la elevada potencia de cómputo necesaria. Gestionar y sincronizar los estados dinámicos y eventos a gran escala es una tarea enorme, especialmente cuando consideramos un número ilimitado de usuarios simultáneos que actúen a la vez sobre objetos virtuales e interactúen entre sí con baja latencia, es decir, sin percibir un retardo entre la acción de un usuario y la reacción del entorno virtual.

Realidad aumentada

Adoptando un enfoque diferente, la RA incorpora entradas digitales y elementos virtuales en el entorno físico. Fusiona espacialmente el mundo físico con el virtual. No crea un «mundo virtual», sino que, en vez de eso, proporciona información adicional o añade objetos al mundo físico percibido por una persona. Esto se logra proyectando espacialmente una capa de elementos digitales sobre las imágenes obtenidas mediante una cámara, como la de los teléfonos móviles o tabletas, o usando elementos transparentes que puedan agregar representaciones digitales superpuestas a la realidad, como pueden ser gafas cuyos cristales son en realidad pantallas transparentes, lentes de contacto, ventanas de vidrio en edificios u otras superficies transparentes. Además, la RA puede implementarse en gafas de RV estándar tan solo equipándolas con una capacidad de modo de paso *(passthrough)* que muestra la entrada de los sensores de cámara integrados, como hacen las Apple Vision Pro y las Meta Quest 3. De ese modo, las gafas de RV crearían un mundo virtual con imágenes del mundo físico de fondo. En la figura 6.3 se muestra un ejemplo de RA utilizando la pantalla de un móvil.

Se dice que la RA proporciona una realidad mejorada, aunque este término es subjetivo, y el nivel de esta mejora dependerá en gran medida de la calidad de la información o los elementos añadidos por el sistema de RA. De todos modos, es importante resaltar que la RA no se limita solo a experiencias visuales, aun-

Figura 6.3. Ejemplo de RA que proporciona información sobre atracciones locales a partir de la imagen proporcionada por la cámara de un teléfono móvil.

que estas sean las más frecuentes. La primera generación de aplicaciones de RA solo consideraba mejoras visuales, organizando y mostrando superposiciones digitales sobre el entorno físico, pero el contenido virtual generado por ordenador puede presentarse a través de otros sentidos, como el oído, el olfato y el tacto (los formalmente llamados dispositivos «hápticos»).

Desde los primeros intentos, se han llevado a cabo grandes esfuerzos de investigación para mejorar la interacción del usuario con entidades digitales en la RA. Es importante tener en cuenta que estas entidades podrían provenir del Metaverso y superponerse al entorno físico del usuario. Conseguir una baja latencia en el sistema es probablemente más importante en la RA que en la RV porque, salvo que se utilicen dispositivos *passthrough,* una parte de la experiencia tendrá latencia nula (la realidad física) y cualquier cosa comparada con lo instantáneo resaltará como una respuesta percibida con retardo. Garantizar una interacción fluida y ágil del usuario con los objetos digitales es uno de los principales retos de la RA.

Aunque muchos teléfonos móviles ya cuentan con algunas aplicaciones de RA, seguramente imaginemos la RA típica como la interacción manos libres que aparece en algunas películas de ciencia ficción, como *Minority Report*. En el mundo real, aunque se limite esencialmente a publicaciones científicas y a una adaptación en las Apple Vision Pro, existe una conocida técnica de interacción de manos libres llamada Voodoo Dolls («muñecas de vudú»), una solución en la que los usuarios pueden emplear ambas manos para elegir el contenido virtual y trabajar en él mediante gestos de pellizco. HOMER es otra solución muy utilizada que proporciona una trayectoria de emisión de rayos desde la mano virtual del usuario para indicar los objetos de RA que se seleccionan y posteriormente se manipulan.

En cuanto a las posibles aplicaciones de la RA en el Metaverso, podemos imaginar algunas de ellas, como señalar direcciones e indicaciones para llegar a ellas en un lugar desconocido, posicionar objetos en función del contexto espacial del usuario y, en general, la integración con el entorno urbano. Pronto habrá ciudades inteligentes donde aparecerán informaciones e indicaciones adicionales superpuestas virtualmente a muchos elementos físicos. Incluso aunque se necesiten gafas o parabrisas especiales en los automóviles, la RA permitirá a los usuarios trabajar en el mundo físico y a la vez comunicarse con contenido virtual del Metaverso. Ahora bien, esto requiere inversiones significativas en las tecnologías de detección y seguimiento para situar el contenido virtual mostrado en la posición correcta del entorno real, por lo que estas soluciones se irán implantando progresivamente.

Realidad mixta

La literatura científica habla de la realidad mixta (RM) como una combinación de la RV y la RA. Aunque no hay una definición consensuada de la RM entre la comunidad científica y tecnológica, es obvio que se refiere a una mezcla entre la RV y la RA en términos de experiencia e inmersión del usuario. Para comprender mejor las diferencias entre estos tres términos y visualizar cómo estas tecnologías inmersivas interactúan con el entorno, en la figura 6.4 se muestra el continuo unidimensional realidad-virtualidad de Milgram y Kishino. Este continuo se ilustra como una línea recta con dos extremos. El extremo izquierdo corresponde al entorno físico natural, mientras que el extremo derecho

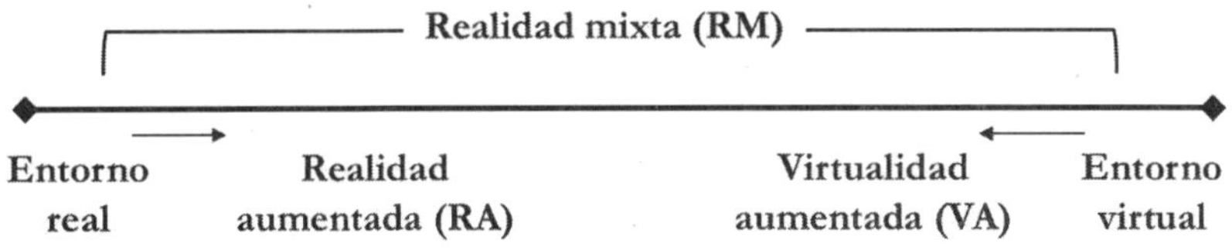

Figura 6.4. El continuo unidimensional realidad-virtualidad de Milgram y Kishino.

marca un entorno virtual completamente artificial. En este esquema, la realidad aumentada está cerca del extremo izquierdo del espectro, mientras que la realidad virtual se sitúa en el extremo derecho.

Según Lee *et al.* (2021), las definiciones de RM, muy diferentes unas de otras, pueden resumirse en seis definiciones operativas, que incluyen la noción «tradicional» de la RM en el espacio intermedio del continuo realidad-virtualidad, la RM como sinónimo de realidad aumentada, como un tipo de colaboración, como una combinación de RA y RV, como una alineación de entornos y como una versión «más intensa» de la RA. En cualquier caso, algo en lo que todos están de acuerdo es que, en la RM, ambos mundos (virtual y físico) interactúan. La realidad mixta es un superconjunto de la RA y la RV. Algunos ejemplos serían un interruptor virtual para encender físicamente las luces de una habitación, o un objeto virtual o personaje de juego que pueda «esconderse» total o parcialmente detrás de objetos físicos (como una mesa o el sofá del salón).

Es fundamental insistir en la ingente cantidad de computación espacial intensiva necesaria para permitir que los algoritmos entiendan el entorno y recopilen datos sobre la consciencia situacional. Esto es así porque, en la RM, los objetos virtuales deben interactuar con los objetos físicos sin complicaciones y de manera natural para el usuario. Por ejemplo, un usuario podría usar un destornillador físico para apretar tornillos digitales en un modelo digital 3D de una máquina, lo que requiere que la interoperabilidad entre elementos digitales y físicos coincida perfectamente para disfrutar de una experiencia realista.

Como puede apreciarse, mientras que la RA normalmente es informativa y agrega información u objetos como una superposición a objetos físicos o imágenes, la RM permite la interoperabilidad entre el usuario y cualquier objeto (físico o digital). Teniendo en cuenta esta característica adicional, la RM se considera una versión más potente o más evolucionada de la RA en la mayoría de las publicaciones. Este enfoque también justifica por qué algunos autores clasifican la RM como una herramienta colaborativa, de interacción espacial entre usuarios y elementos virtuales.

Como en el caso de la RV, la RM también requiere dispositivos especiales, normalmente gafas. Pero sus posibilidades van mucho más allá de la experiencia visual y podrían implicar la interacción auditiva, táctil (háptica) e incluso olfativa con elementos virtuales mientras uno se mueve en espacios físicos. En conclusión, la RM es el punto de partida del Metaverso. De hecho, comparte con el Metaverso ciertas propiedades de las seis definiciones operativas de la RM.

Realidad extendida

Un cuarto acrónimo relacionado con los diferentes niveles de realidad es RX, que significa realidad extendida o realidad cruzada. Este es probablemente el concepto más ambiguo de todo el conjunto. Se entiende como un paraguas que abarca una serie de tecnologías inmersivas y entornos digitales donde se representan y proyectan datos. Así, la RX incluye la RV, la RA y la RM. Puede verse como una evolución en la que los usuarios perciben cualquiera de las formas de realidad con la misma sensación que la realidad física. Un usuario de RX no la diferenciaría de la realidad física, salvo por cosas o principios que son imposibles en esta última (como, por ejemplo, una flor que florece en un instante o la posibilidad de volar cuando se desee). Se puede decir que la RX proporcionará el mismo nivel de realismo que los sueños o las ilusiones. Por supuesto, esto representa un objetivo tecnológico que aún no se ha alcanzado con las tecnologías disponibles en el mercado. Aun así, algunas empresas están haciendo muy buenos progresos, como Unity Technologies, Qualcomm,

Meta, Nvidia y Steam. Se han realizado algunos desarrollos de RX para el comercio virtual (o *v-commerce*) para crear experiencias indirectas mediadas por ordenador (Alcañiz *et al.*, 2019).

Comparación de todas las tecnologías

Se ha visto cómo la RX consiste en una evolución de las otras tres tecnologías: RV, RA y RM. Para entender cada tecnología con ejemplos de la vida diaria, se ilustra cada una de manera más gráfica:

- La RV puede asociarse con un mundo virtual donde el usuario (o su avatar digital) se mueve o navega directamente. La RV proporciona la experiencia de estar en un lugar artificial sin limitaciones físicas.
- La RA es una tecnología que superpone objetos virtuales en el espacio real desde una perspectiva en primera persona (por ejemplo, *Pokémon Go).* La RA superpone imágenes, sonidos, modelos 3D, vídeos, gráficos, secuencias animadas, juegos o información de GPS generados por ordenador en entornos del mundo real (Oddone, 2019; Townsdin y Whitmer, 2017).
- La RM integra los dos conceptos: RV y RA. En las aplicaciones de RM, los usuarios interactúan con objetos virtuales proyectados en la realidad física.

La RA proporciona una experiencia más realista porque los dispositivos que necesita son más simples, es decir, gafas o un dispositivo móvil con pantalla —una tableta o un teléfono móvil—, y refleja bien la realidad, pero es más adecuada para contenidos menos elaborados (Alcañiz *et al.*, 2019). Por otro lado, la RV cubre todo el campo de visión, proporciona una sensación más inmersiva y es adecuada para contenidos enriquecidos, pero normalmente entraña fatiga física, porque todo el entorno es nuevo para el usuario y los procesos cognitivos en su cerebro tienen que adaptarse. Además, la RV exige unas gafas que aíslen al usuario de la realidad física, lo que también contribuye a la fatiga. Por estas razones, la RM, que consiste en una mezcla de la amigable realidad física y las posibilidades interactivas de la RV, se considera una solución a largo plazo más adecuada para experimentar el Metaverso.

No obstante, es importante separar estas tecnologías del concepto de Metaverso. Si bien todas ellas, especialmente la RM y la RX, son tecnologías que permiten concebir servicios y experiencias en el Metaverso, estas tecnologías se centran en un enfoque físico y una experiencia de usuario, mientras que el concepto de Metaverso también incluye contenido y significado social. Además, acceder al Metaverso no necesariamente implica el uso de estas tecnologías de interacción. Podría haber aplicaciones del Metaverso que no hagan uso de ellas. Para comprender mejor este punto, podemos establecer una equivalencia con la Internet actual: las pantallas de los ordenadores o los teléfonos móviles NO son Internet, sino tecnologías que permiten acceder a los contenidos y las experiencias que brindan los diferentes servicios disponibles en Internet. Además, no son necesarios en todos los servicios de Internet. Por ejemplo, un automóvil puede conectarse a Internet para compartir su ubicación con los servicios de emergencia en caso de accidente sin que ello implique el uso de una pantalla.

Resumen

En este capítulo, hemos aprendido las diferencias entre las diversas tecnologías inmersivas que posibilitan el Metaverso. Aquí se resumen las ideas principales:

- Las tecnologías inmersivas pueden clasificarse en cuatro grupos: realidad virtual (RV), realidad aumentada (RA), realidad mixta (RM) y realidad extendida (RX).
- La RV consiste en crear un mundo virtual completamente nuevo por donde navegan los usuarios. Estos necesitan, al menos, gafas de RV para acceder a tales mundos, que pueden emular la realidad física (fotorrealistas) o ser algo completamente diferente (como dibujos animados o incluso surrealistas).
- Las aplicaciones de RA superponen contenido digital sobre imágenes de la realidad física. Para ello se utilizan las cámaras de los teléfonos móviles o unas gafas transparentes especiales, que mejoran la realidad con más información u objetos suplementarios.
- La RM es una combinación de RV y RA: en la realidad física aparecen objetos virtuales mediante gafas o la cámara de un teléfono móvil. La diferencia con la RA es que estos objetos pueden interactuar con la realidad física (por ejemplo, saltar virtualmente encima de una mesa real o hacer que las luces reales de la habitación parpadeen cada vez que el usuario apunte con su dedo hacia ellas).
- La RX es un concepto aspiracional que contendría todo lo anterior, donde los usuarios no diferenciarían lo real de lo virtual. Hay que advertir, no obstante, que actualmente muchas empresas usan el término «realidad extendida» para referirse realmente a sus soluciones de RV, RA o RM, con el único propósito de aprovechar el concepto con fines de marketing.

Capítulo 7
Blockchain y su relevancia para el Metaverso

Blockchain es un concepto que define una base de datos distribuida en la que los datos se almacenan en bloques, en vez de utilizar las tablas estructuradas de las bases de datos tradicionales. Los nuevos datos almacenados en la base de datos se completan en nuevos bloques, que se vinculan a los bloques anteriores, formando una *blockchain* (término cuya traducción literal es «cadena de bloques»). Así pues, en una base de datos Blockchain los datos se almacenan en orden cronológico y los datos de los bloques existentes no pueden modificarse. El proceso de almacenar datos en bloques está respaldado por un método de validación basado en una función criptográfica denominada «función resumen» o *hash*. Aunque esta es una cuestión demasiado técnica, es importante entender que una función *hash* produce un código digital como resultado de aplicar un algoritmo a un dato (en el caso de Blockchain, un bloque de la cadena). Este código es único, de modo que ningún dato en el bloque puede reemplazarse por otro ni modificarse; de lo contrario, el *hash* cambiaría. Por ejemplo, las funciones *hash* son utilizadas en Blockchain por los nodos distribuidos de la base de datos para validar que el bloque que alguien pretende agregar a la cadena «encaja» con el resto. En la figura 7.1 se muestra un esquema a alto nivel de cómo funciona la tecnología Blockchain.

Acabamos de indicar que las bases de datos Blockchain están distribuidas, lo que significa que la base de datos existe en

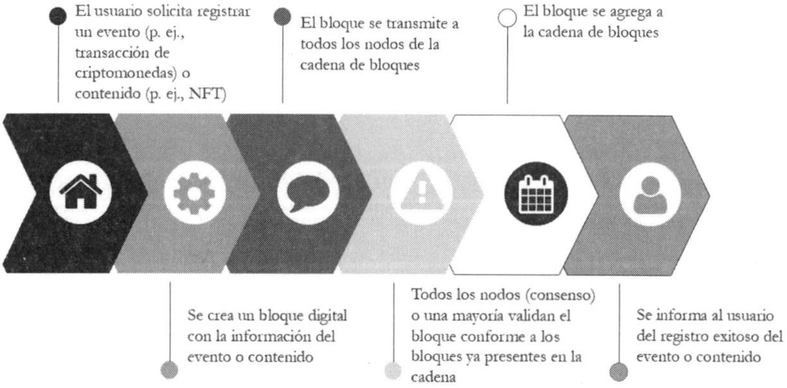

Figura 7.1. Cómo se agrega información a una blockchain.

muchos lugares diferentes simultáneamente. Este enfoque proporciona seguridad de dos maneras:

- Los datos almacenados tienen redundancia. Si algún dato se pierde o se daña en una instancia (nodo) de la base de datos, se puede recuperar instantáneamente desde los otros nodos.
- Los datos almacenados tienen inmutabilidad. La base de datos puede almacenar información fiable, porque nadie puede alterar los datos que ya están almacenados en un nodo, ya que los otros nodos descartarán los bloques que no sean copias exactas de los del resto de la red.

Sobre la base de estas premisas, el esquema de funcionamiento de la tecnología Blockchain es fácilmente comprensible: los usuarios almacenan datos en un nodo de una base de datos Blockchain local, que se sincroniza con el resto de los nodos, almacenados en otros dispositivos, siguiendo lo que se llama un modelo de consenso. Esta es la razón principal para utilizar Blockchain en vez de las bases de datos tradicionales, que existen desde hace décadas. El problema con las bases de datos normales es que siguen el principio CRUD (por las siglas de los términos «crear», «leer», «actualizar» y «borrar», en inglés), lo que significa que cualquiera (incluso un hacker) puede examinar los datos, realizar los cambios necesarios o eliminar información. La consecuencia es que hay riesgos de seguridad, ya que no existe una protección por diseño contra la modificación o el borrado de datos por parte de usuarios no autorizados.

Pero la inmutabilidad ofrece algo más que seguridad. La inmutabilidad de Blockchain la convierte en la manera más transparente de compartir información fiable entre individuos o máquinas. La información está ampliamente replicada a lo largo del planeta y cualquiera puede leerla (puede haber blockchains privadas, solo disponibles para un grupo limitado de usuarios, pero esta aplicación va más allá del propósito de este libro). La transparencia es otra característica importante para el desarrollo de aplicaciones masivas que dependen de información compartida o de un registro común que todos los usuarios puedan consultar.

IBM define una blockchain como «un libro de contabilidad compartido e inmutable que facilita el proceso de registrar transacciones y rastrear activos en una red empresarial». Podemos imaginar la relevancia de Blockchain a partir de esta afirmación: el hecho de que absolutamente nadie pueda eliminar un bit de un bloque de una cadena la hace perfecta para registrar transacciones monetarias o actuar como un registro digital de activos (propiedad de dinero, bienes inmobiliarios, títulos académicos, etcétera).

El ejemplo típico para ilustrar el funcionamiento de Blockchain es pensar en los libros de contabilidad tradicionales, donde un contable anota nuevas entradas debajo de las existentes y no se puede eliminar ni modificar nada. De hecho, una blockchain es un libro de contabilidad digital donde se puede registrar cualquier tipo de datos previamente digitalizados. En la figura 7.2 se mues-

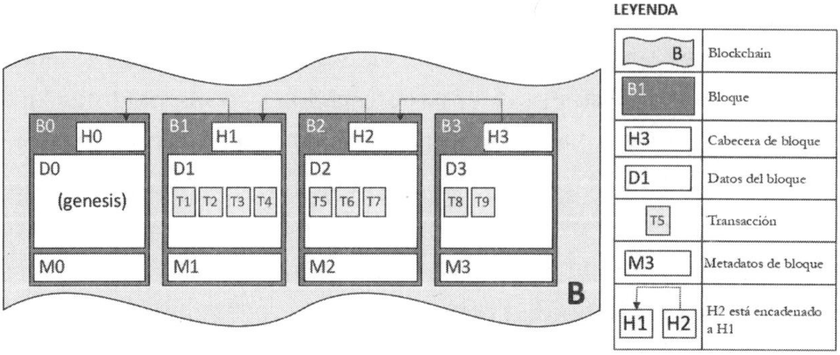

Figura 7.2. Diagrama de la estructura de bloques de una blockchain.

tra una representación gráfica de cómo se almacenan los datos o eventos (transacciones) en Blockchain. Aquí, además de los metadatos (que sirven para registrar información adicional de los datos almacenados, como autor, fecha, tipo de archivo, etcétera), los bloques de datos están vinculados por la información *hash* contenida en sus encabezados, como ya se ha explicado.

Aplicaciones de Blockchain

Hoy en día, la aplicación más popular de Blockchain son las monedas digitales, o criptomonedas, en particular Bitcoin, criptomoneda propuesta en 2009. Antes de entrar en detalle sobre las criptomonedas y sus beneficios para facilitar las transacciones en el mundo totalmente digital del Metaverso, es importante resaltar que el uso de Blockchain en el Metaverso, como en muchas otras aplicaciones, va mucho más allá de las criptomonedas.

Veamos algunos ejemplos de cómo Blockchain ya está transformando diferentes industrias.

El sector financiero

La banca fue el primer sector en afrontar la amenaza del Bitcoin y comenzar a estudiar las posibles aplicaciones de Blockchain. Como sector altamente regulado y que tradicionalmente ha operado con muchos actores a lo largo de la cadena de valor —intermediarios— que se cobran tarifas mutuamente, ha sido un ecosistema muy estable, con barreras de entrada muy altas. En este escenario, el surgimiento de los servicios digitales supuso un auténtico problema para los bancos: la digitalización aporta agilidad y flexibilidad (por ejemplo, evita la necesidad de manejar efectivo y transportarlo a las sucursales o entre bancos), pero el sistema digital para operar la industria bancaria está construido como una pirámide donde «yo confío en ti porque tú confías en otro que confía en otro... que finalmente confía en el Banco Central del país». Esta cadena es frágil: con un solo eslabón roto (un banco en situación de quiebra, una sucursal cerrada, una evaluación negativa de la salud financiera por una agencia de calificación, etcétera) se puede derribar todo el sistema bancario. Cuando Blockchain comenzó a proporcionar transacciones financieras casi instantáneas con una columna vertebral tecnológica inquebrantable que está completamente distribuida y que no necesita ninguna autoridad central que respalde el sistema, empezaron las reacciones.

Desde el principio, las instituciones financieras y los gobiernos han intentado bloquear Blockchain mediante regulaciones, pero el progreso es difícil de frenar en el largo plazo. Países de todo el mundo (incluidos el Reino Unido, Canadá, Australia y China) comenzaron a investigar cómo podrían crear sus propias monedas digitales, adoptando el concepto de criptomonedas para ellos mismos e invirtiendo en sistemas Blockchain. El punto de inflexión fue cuando empezaron a ver que los beneficios superaban a los riesgos. El Bitcoin había podido hacer frente a los hackers durante varios años y manejar miles de millones de transacciones, lo que demostraba que las criptodivisas son factibles a gran escala.

La adopción de Blockchain, principalmente a través de criptomonedas, está aumentando rápidamente. Las personas pueden pagar ahora a sus amigos a través de sus teléfonos casi instantáneamente en casi cualquier tipo de moneda o criptomoneda. Cada vez más comercios aceptan criptomonedas como método de pago en algunas regiones del mundo. En 2021, El Salvador declaró el Bitcoin moneda de curso legal en el país. En Kenia, el uso de criptomonedas es más habitual que el de la moneda nacional. Sin embargo, esta todavía no es la opción predominante en la mayor parte del mundo. Los mercados occidentales, cuyas estructuras se sustentan principalmente en impuestos, todavía están enfocados en cómo gravar las criptomonedas, obstaculizando su uso mientras llega la solución a este problema de máxima prioridad.

Aun así, el Fondo Monetario Internacional (FMI), el Banco Mundial, el Banco de Pagos Internacionales y los bancos centrales de muchos países han discutido los usos potenciales de la tecnología Blockchain. La primera aplicación podría ser facilitar transferencias bancarias y liquidaciones interbancarias para obtener dinero más rápido y más barato. Otra aplicación podría ser el uso de Blockchain para aumentar la transparencia en los fondos de inversión y derivados, haciendo que la composición de los fondos sea totalmente rastreable. La aplicación definitiva de Blockchain serían las monedas digitales oficiales que los ciudadanos podrían emplear a diario. La Unión Europea ha comenzado ya su programa piloto para el euro digital, China ya ha puesto en circulación el e-yuan y Estados Unidos está estudiando cómo hacer lo mismo con el dólar en los próximos años.

Otra transformación que Blockchain puede conllevar para el sector financiero tiene que ver con las microinversiones y los microcréditos, que se ven fuertemente apoyados para conseguir alcance global y local a través de plataformas basadas en Blockchain. El uso de la tecnología Blockchain también ofrecerá la posibilidad de invertir en empresas y sus actividades específicas con agilidad, flexibilidad y sin intermediarios que se lleven un porcentaje de la inversión. En la actualidad estos servicios son proporcionados por mercados o portales conocidos como organizaciones autónomas descentralizadas (DAO, por sus siglas en inglés).

Como aplicación adicional, las compañías de tarjetas de crédito podrían utilizar Blockchain para liquidar las transacciones y reducir el fraude y sus propios costes. Esto está directamente relacionado con el concepto de micropago, que se ve reforzado en gran medida por la tecnología Blockchain. Si bien actualmente ya hay disponibles algunas iniciativas pioneras como Bizum, las tasas de fraude y la capacidad de gestión a gran escala son dos retos que solo se resolverán con la implementación de Blockchain.

Pero pensemos en los impactos más amplios de la tecnología Blockchain en la economía global. La mayor confianza y trazabilidad inherentes a esta tecnología podrían ayudar a integrar las economías de los países más pobres y menos desarrollados en el ecosistema financiero global. En consecuencia, se harán más ricos y, por consiguiente, el coste de las materias primas y de la mano de obra puede aumentar.

Otro impacto más amplio de la aplicación Blockchain en el ecosistema financiero es la reducción general del fraude y un mayor cumplimiento de las normas y regulaciones. En lugar de utilizar la auditoría para análisis *post mortem* de situaciones fraudulentas, los sistemas de registro que dispongan de tecnología Blockchain integrada podrán auditar un archivo a la vez que se crea, marcando archivos incompletos o inusuales sobre la marcha. Además de contar con auditorías exhaustivas en tiempo real, esto brindará a los directivos las herramientas necesarias para corregir los archivos de manera proactiva antes de que se conviertan en un problema.

El sector inmobiliario

El sector inmobiliario será uno de los más afectados por las innovaciones de la tecnología Blockchain, aunque el impacto será diferente en cada país. Por ejemplo, en el mundo occidental, podríamos ver cosas como fondos o valores respaldados por hipotecas negociados de forma transparente en bolsas que utilizan Blockchain. En China, la integración de Blockchain en la cadena de valor inmobiliaria ya está en marcha con algunas iniciativas como la notarización, un componente esencial de las transacciones inmobiliarias. En los países en desarrollo, Blockchain representa una gran promesa, porque la seguridad que aporta puede ayudar a atraer capital y aumentar el comercio.

Una transformación específica que Blockchain supondrá para el sector inmobiliario es la posible eliminación del seguro de título. Este seguro proporciona una compensación por pérdidas financieras debidas a defectos en una escritura de propiedad de un inmueble. Se exige en algunos países si se contrata una hipoteca sobre una vivienda o si se refinancia. El seguro de título protege la inversión del banco contra eventuales problemas con el título, que podría no encontrarse en los registros públicos, no salir en la búsqueda de títulos o ser un fraude o una falsificación. La tecnología Blockchain se ha propuesto como complemento para ayudar a los consumidores en los sistemas de títulos de derecho consuetudinario. La idea es simple: Blockchain permite excelentes sistemas de mantenimiento de registros públicos; asimismo, no es susceptible de retroactividad ni modificación sin que quede registro de lo que se está cambiando y en qué momento.

De hecho, uno de los mayores costes asociados con las hipotecas tiene lugar años después de que se otorgara el préstamo en primera instancia. A menudo se incluyen muchos documentos, incluso algunos innecesarios, en el expediente hipotecario. Además, puede haber registros duplicados. Cuando, por algún motivo, es necesario auditar el archivo, hay demasiada información que examinar, lo que cuesta mucho dinero. Blockchain no solo evitaría esta situación al almacenar solo la información esencial sin duplicados ni inconsistencias, sino que también cambiaría la necesidad de repositorios centrales para archivos. Automatizaría parte del papeleo y siempre daría un historial claro del préstamo, reduciendo la necesidad de auditar y preparar los documentos que verificar.

El sector asegurador

El impacto en el sector de seguros estará asociado sobre todo con el uso de *smart contracts,* que se describirán en detalle en el capítulo 9. Estos contratos dependen en gran medida del uso de la Internet de las cosas (IoT), denominación que describe la gran cantidad de dispositivos digitales que están conectados a Internet y funcionan de manera autónoma. Algunos ejemplos son los semáforos, las cámaras de vigilancia, las estaciones meteorológicas, los sensores de contaminación, los robots de limpieza, etcétera. Los dispositivos IoT pueden publicar todo tipo de datos de manera autónoma en sus registros y actualizar su estado. Este hecho posibilita que los *smart contracts* de seguros utilicen estos datos para verificar si se cumplen ciertas condiciones y emprender acciones automáticas en consecuencia.

Es probable que la IoT tenga un impacto significativo en tres áreas: el vehículo conectado, el hogar conectado y el «yo» conectado. La IoT es una tecnología disruptiva y, como tal, cambiará la forma de una amplia gama de industrias, como los fabricantes de piezas de automóviles (OEM), la seguridad del hogar y los proveedores de telecomunicaciones móviles y por fibra. Las compañías de seguros están estrechamente relacionadas con estas empresas, particularmente las que trabajan con pólizas de propiedad y accidentes. Los datos recopilados por sensores en nuevos aparatos y dispositivos, junto con la automatización y las opciones de control adicionales, combinados con las bases de datos descentralizadas y los *smart contracts* de Blockchain, llevarán el cálculo de riesgos y la automatización general en el proceso de aseguramiento a un nivel que ha sido imposible hasta ahora.

Dado que Blockchain aporta transparencia a todas sus aplicaciones, es perfecta para ser utilizada en contratos si se combina con dispositivos IoT, especialmente en esos contratos pequeños relativos a cuestiones concretas. Mientras que firmar contratos tradicionales para tales asuntos (como un contrato de seguro para un billete de avión) puede ser largo, costoso o incluso inviable, Blockchain permite la integración total y la celebración en tiempo real de contratos en el espacio digital. Por ejemplo, será posible crear plataformas de mercado que aseguren a los clientes. Con este tipo de modelo, la aseguradora podría calcular la prima para el riesgo específico basándose en datos históricos reales específicos y otros factores de riesgo y de manera totalmente automatizada. Este nuevo modelo de seguro podría adoptarse por los seguros entre particulares (P2P, del inglés *peer-to-peer,* cuando un individuo asegura a otro utilizando un *marketplace* como espacio de negociación), los seguros de *crowdfunding* (cuando un grupo de individuos independientes participan colectivamente en una póliza de seguro utilizando una plataforma de financiación colectiva) o una compañía de seguros tradicional que adopte la tecnología. En cualquier caso, todos se crean en una blockchain descentralizada con el uso de *smart contracts,* que garantizan el pago del cliente a la aseguradora y viceversa si el riesgo se materializa.

Además, la naturaleza autoejecutable de los *smart contracts,* que se describirán en el capítulo 9, reducirá muchos de los costes de las reclamaciones ligadas a los seguros y los gastos actuales en intermediarios que colaboran en el procesamiento y la recaudación de fondos.

Pero si hay algo que va a cambiar el sector de los seguros para siempre, es el microseguro. Se trata de un seguro para proteger artículos de poco valor o a personas de bajos ingresos contra riesgos tales como accidentes, enfermedades y desastres naturales. Esta modalidad de seguro se ha vuelto más factible gracias a la tecnología Blockchain. Los microseguros se clasifican en dos grupos: (1) seguros dirigidos a hogares con bajos ingresos, agricultores y otras entidades cuyo seguro gira en torno a necesidades específicas —suelen ser seguros de prima baja y basados en índices— y (2) seguros que se ocupan de productos o servicios de poco valor.

El mayor inconveniente de este tipo de contratos dentro de los modelos de seguros tradicionales es que sus costes de gestión son desproporcionadamente altos en comparación con sus modestas primas. La ventaja clave de Blockchain es que la creación de *smart contracts* permite transacciones seguras sin ningún intermediario, por lo que sus costes son significativamente más bajos.

Además de esta facilidad de uso, los *smart contracts* permiten seguros basados en índices, lo que es muy útil para seguros agrícolas y de otros ámbitos en los que los valores dependen en gran medida de factores dinámicos que pueden documentarse con precisión por terceros de confianza. En este caso, los agricultores asegurados pueden recibir pagos automatizados cuando bases de datos meteorológicas verificadas reportan ciertas condiciones, como la sequía, reduciendo así aún más los costes potenciales del servicio.

Las administraciones públicas

Cuando se habla del uso de Blockchain en instituciones públicas, el primer concepto que surge es el de «ciudad inteligente». Las ciudades inteligentes son áreas urbanas que emplean diferentes tecnologías y sensores digitales para monitorizar y medir eventos locales y recopilar datos que se analizan y que más tarde sirven para tomar decisiones gubernamentales, activar alertas de manera automática, administrar recursos o adaptar servicios para hacerlos más eficientes o mejorar el bienestar de los ciudadanos. Algunos ejemplos de servicios mejorados mediante la aplicación de tecnologías digitales en ciudades inteligentes son los sistemas de tráfico y transporte, las plantas de producción de energía, los servicios públicos, las redes de suministro de agua, el tratamiento de residuos, la detección de delitos, los sistemas de información, las escuelas, las bibliotecas, los hospitales y otros servicios comunitarios. Las ciudades inteligentes están aprovechando las nuevas tecnologías para mejorar el funcionamiento de las infraestructuras, la seguridad y los servicios públicos. El interés por convertirse en la ciudad «más» inteligente está en auge y casi todos los municipios de cierto tamaño han adoptado el concepto.

Blockchain es especialmente útil cuando se junta con la IoT de las ciudades inteligentes. Se están planificando y llevando a cabo numerosos proyectos interesantes para los próximos años. La tecnología Blockchain puede servir para compartir información de manera segura entre redes en una ciudad inteligente. Muchas ciudades están explorando el uso de Blockchain para aliviar los atascos de tráfico. El proyecto Smart Nation de Singapur está explorando, entre muchas otras cosas, cómo utilizar los teléfonos móviles de sus ciudadanos para evaluar las condiciones de sus viajes en autobús y luego analizar los datos para ver cuándo hay que mejorar las carreteras. Singapur ha sido líder en el desarrollo de ciudades inteligentes y se ha convertido en asesor y referente para el desarrollo de ciudades inteligentes en otros países.

Además de las ciudades inteligentes, Blockchain tiene muchos otros usos en los ecosistemas de las administraciones públicas. En los sistemas de atención médica, puede ayudar a digitalizar los registros de pacientes y almacenarlos en una blockchain[1] para tener trazabilidad completa (y privacidad) de los historiales médicos. También hay algunas iniciativas relacionadas con la transmisión de activos de alto valor, como el oro o los diamantes, donde los certificados tradicionales se sustituyen por registros en una blockchain, donde no pueden falsificarse ni perderse. Incluso hay iniciativas relativas al uso de Blockchain para el registro de empresas, para incentivar el turismo a través de programas de puntos de fidelidad basados en *smart contracts* que comprueben cuándo un turista visita ciertos lugares, etcétera.

Pero, por otro lado, los gobiernos suelen ser reacios a aceptar el principal uso de Blockchain: las criptomonedas. O no existe ninguna regulación, o hay una regulación contra ellas en la mayoría de los países. Como ya se ha mencionado, el miedo a que algo tan disruptivo esté fuera del ecosistema financiero establecido y, además, potencialmente fuera del alcance de los impuestos es un riesgo importante para los Estados. Y esto, a veces, hace que los políticos se muestren reacios a la tecnología Blockchain en general, no solo a las criptomonedas.

Conclusión

Una vez que el Metaverso esté maduro, se espera que prácticamente todo en el mundo físico esté conectado a la realidad digital del Metaverso. Todo se digitalizará, incluyendo gemelos digitales para entidades y sistemas físicos (que se consideran en el capítulo 16), avatares de usuarios, mapas detallados a gran escala, etcétera. Como resultado, se generará una enorme cantidad de datos. Aunque se ubiquen en la nube, cargar servidores centrali-

1. Se utiliza «Blockchain» en mayúsculas para denominar la tecnología y «blockchain» en minúsculas para mencionar una implementación o sistema que utiliza la tecnología.

zados con un volumen de datos tan gigantesco es imposible debido a los limitados recursos de red, pero se puede aplicar Blockchain a sistemas de almacenamiento de datos descentralizados para garantizar la coherencia y seguridad de esos datos en el Metaverso.

Resumen

Este capítulo ha introducido la tecnología Blockchain y sus posibles aplicaciones. Se han tratado las siguientes ideas:

- La tecnología Blockchain es una forma innovadora de almacenar datos de manera descentralizada y segura. Los métodos utilizados garantizan la confianza y la preservación de los datos.
- En una blockchain no hay ninguna autoridad, todos los nodos operan de manera cooperativa para validar nuevas entradas de datos.
- Los datos de una blockchain no se pueden cambiar ni eliminar. Todo lo que se almacena es inmutable. Es en parte por esto por lo que esta tecnología aporta confianza total sobre ellos.
- En el sector financiero, Blockchain tiene su aplicación principal en la producción de criptomonedas.
- Hay otros sectores donde Blockchain aporta mejoras sustanciales, como el inmobiliario y los seguros, gracias al uso de *smart contracts*.
- Las ciudades inteligentes también pueden beneficiarse de la tecnología Blockchain añadiendo más servicios a su cartera actual (por ejemplo, fomentando datos de IoT o integrando aplicaciones de atención médica).

Capítulo 8
La relación entre el Metaverso y las criptomonedas

Antes de entrar en detalles sobre cómo las criptomonedas pueden beneficiar la adopción del Metaverso, es importante entender perfectamente qué son. Para ello, primero hay que recordar cómo funcionan las monedas tradicionales.

El sistema monetario

La cantidad de dinero disponible está controlada por los bancos centrales. La emisión o posible destrucción de dólares estadounidenses corre a cargo exclusivamente del Sistema de la Reserva Federal. Lo mismo ocurre con el euro y el Banco Central Europeo y con el resto de las monedas del planeta. Una de las principales prioridades de cualquier banco central es mantener el valor del dinero dentro de unos márgenes, suponiendo normalmente un objetivo de depreciación de alrededor del 2 % anual (lo que se denomina inflación de la economía). Para lograr este objetivo, pueden imprimir más billetes, cambiar los tipos de interés de la emisión de deuda a los bancos privados, establecer requisitos para las reservas, etcétera.

Este método sigue un principio económico simple: si hay escasez de un bien, su valor aumenta; si es abundante, su valor disminuye. Para estabilizar el valor de una moneda, persiguiendo mantener un valor bajo para la inflación (2 %), los bancos centrales ajustan la distribución del dinero regularmente.

En este punto, podemos estar de acuerdo en que el valor real del dinero es «el que es», es decir, todos los ciudadanos tienen «fe» en el valor de una moneda para comprar cosas. Esta es la razón por la que las divisas tradicionales se denominan «dinero fiduciario» (del latín *fiduciarius,* que significa «que depende de la fe»). De hecho, el dinero no tiene valor real, solo se le atribuye un valor desde el momento en que los gobiernos lo declaran de curso legal, convirtiéndolo esencialmente en deuda. Si un banco central «decide» que su moneda valga la mitad del valor que se le atribuye, o una décima parte, «que así sea».

El patrón de las criptomonedas

Las criptomonedas se han construido de otra manera. Es posible que haya oído hablar del patrón oro. En el pasado, el dinero era solo una forma de intercambio más fácil que el comercio con oro físico en las transacciones habituales. En lugar de dar media onza de oro, uno entregaba un billete, emitido y certificado por el banco central nacional para confirmar que ese billete otorgaba a la otra parte el derecho a reclamar una cantidad específica de oro de la reserva nacional. Por supuesto, para obtener ese billete en primera instancia había que depositar esa misma cantidad de oro en la reserva. El oro, al igual que la plata, el platino y otros metales preciosos, se consideraba valioso porque es finito, escaso y conserva su valor con el tiempo (los metales preciosos no se oxidan). Es un activo tangible, limitado, pero, una vez más, su valor viene dado por el mercado, es decir, las personas. Las criptomonedas se parecen mucho a un oro virtual.

Al utilizar la tecnología Blockchain, la mayoría de las criptomonedas están pensadas para ser finitas. Bitcoin, por ejemplo, tiene una oferta limitada por diseño de 21 millones. Al igual que el oro, las criptomonedas son activos finitos y escasos, si bien son virtuales en vez de físicos. En realidad, esto es una ventaja, porque es mucho más fácil comerciar con criptomonedas que con oro y las criptomonedas son mucho más fáciles de proteger y almacenar. Sin embargo, para convertirse en una divisa, el mercado (la gente) debe asignar un valor a cualquier cosa que se defina como tal. En la última década, esta barrera se rompió debido a su eficacia como medio comercial y a la necesidad de que la creciente generación de multimillonarios diversifique sus activos. No nos engañemos: cualquier criptomoneda tiene valor porque hay una comunidad de multimillonarios —los mismos que invierten en bolsa— que confían en ella. Aunque puedan sufrir enormes fluctuaciones hasta alcanzar la madurez, seguirán existiendo durante mucho tiempo. Y el Metaverso contribuirá activamente a ello.

Criptomonedas en el Metaverso

En el Metaverso todo debe ser digital, por fuerza. Así pues, los pagos deben efectuarse con monedas digitales. Aunque hoy en día todos los bancos hacen uso de transacciones y pagos electrónicos, existe un riesgo enorme en el sistema bancario global. En teoría, todas las transacciones electrónicas deberían tener un activo físico (incluso bajo la forma débil de un billete) para respaldar la transacción. Pero hay un truco, llamado deuda, que permite obtener dinero nuevo no respaldado por ningún activo físico. La deuda es dinero que viene del futuro. Dicho esto, la mayor parte del dinero «real» no es real y solo existe en un registro digital de un banco. Si los sistemas de soporte (que emplean bases de datos tradicionales) son hackeados o se pierden datos, el dinero se esfuma. Por lo tanto, la tecnología Blockchain es imprescindible y es por esto por lo que grandes potencias económicas como China han lanzado la versión digital de sus divisas (por ejemplo, el e-yuan), otras como la Unión Europea están en fase piloto para el lanzamiento de su moneda (euro digital), y otras como Estados Unidos están estudiando las posibles repercusiones de hacerlo.

Una divisa digital y una criptomoneda (o, mejor dicho, criptodivisa)[1] son esencialmente lo mismo. La única diferencia es que la segunda no está asociada a ningún banco central de un país o región, mientras que la primera está controlada por ellos. En cuanto a su uso en el Metaverso, todo está aún por hacer, pero, como en nuestro mundo actual, se espera una presencia activa de ambas formas de dinero basado en Blockchain. Por lo tanto, el conocimiento de las monedas virtuales (el concepto que engloba las monedas digitales y las criptomonedas) es de gran utilidad para cualquier negocio o inversión que uno pretenda hacer en los próximos años. Aunque en el momento de escribir este libro hay más de 10.000 monedas virtuales activas (tabla 8.1), la mayoría dejará de existir más pronto que tarde, como siempre sucede en los mercados emergentes (de hecho, se han creado casi 20.000 en total desde sus inicios). En relación con una moneda virtual, es esencial entender de qué depende su valor y quiénes son sus principales tenedores.

1. Conviene distinguir entre el término «criptomoneda», que puede tener un ámbito muy reducido (por ejemplo, que solo se pueda emplear dentro de un videojuego para comprar accesorios para el personaje), y el de «criptodivisa», que se emplea para criptomonedas reconocidas para efectuar transacciones internacionales, es decir, entre personas de dos países.

Fecha	Número de criptomonedas
Abril de 2013	7
Enero de 2014	67
Enero de 2015	501
Enero de 2016	572
Enero de 2017	636
Enero de 2018	1.359
Enero de 2019	2.086
Enero de 2020	2.403
Enero de 2021	4.154
Enero de 2022	8.714
Enero de 2023	8.856
Enero de 2024	9.002

Tabla 8.1. Evolución del número de criptomonedas activas.

Panorama actual de las criptomonedas para el Metaverso

En la actualidad, hay algunas criptomonedas que aprovechan soluciones encuadradas en la segunda iteración del Metaverso, como se vio en el capítulo 1. Hoy en día existen muchos mundos inmersivos en 3D, en su mayoría asociados con videojuegos, como se describió en el capítulo 2. Muchos de estos juegos y servicios permiten a los usuarios comprar artículos digitales, como prendas y accesorios para personalizar la apariencia de los jugadores en el juego o mejorar el rendimiento de sus avatares. En consecuencia, la lista de criptomonedas relacionadas con aplicaciones del Metaverso cuya capitalización mercantil a finales del primer semestre de 2022 superó los 150 millones de dólares estadounidenses (tabla 8.2) está dominada por los juegos.

Criptomoneda	Aplicación asociada	Capitalización de mercado
THETA	Theta Network	2.300 M$
SAND	The Sandbox	1.500 M$
MANA	Decentraland	1.000 M$
AXS	Axie Infinity	1.000 M$
SUSHI	SushiSwap	443 M$
ENJ	Enjin Coin	437 M$
WEMIX	WEMIX	396 M$
ONT	Ontology	213 M$
WAXP	WAX	159 M$

Tabla 8.2. Capitalización de criptomonedas del Metaverso por encima de los 150 millones de dólares a finales de 2024.

Aunque las criptomonedas en las aplicaciones del Metaverso se emplean para comprar artículos, servicios o funciones en sus respectivas aplicaciones (incluso cuando una criptomoneda se acepte en más de un juego o aplicación), a veces se las denomina *criptotokens* (criptofichas) porque su propósito principal no es comerciar con ellas en los mercados, sino servir de activos virtuales dentro del juego. El principal problema asociado con estas criptomonedas es que sus valores son extremadamente volátiles, mucho más que el de las criptomonedas de uso general como el Bitcoin o el Ether. La razón de esto es que no solo dependen de la dinámica del mercado de criptomonedas (a veces abreviado como «criptomercado»), sino también de la popularidad de su respectivo juego o incluso de las posibilidades o nuevas características que el juego ofrece al criptotoken. A continuación, se repasan brevemente los más relevantes.

THETA (de la Red Theta)

El token THETA fue lanzado en 2019 por un grupo de emprendedores de Silicon Valley. La empresa cuenta con el apoyo de inversores corporativos como Sierra Ventures, Sony Innovation Fund, Samsung y algunos otros. Theta Network no es un juego, sino una plataforma descentralizada de transmisión de contenidos de vídeo impulsada por los usuarios y una innovadora blockchain. La iniciativa cuenta con asesores de renombre como Steven Chen Shijun, cofundador de YouTube, y Justin Kan, cofundador de Twitch.

Theta Network utiliza un protocolo de código abierto que está específicamente diseñado para descentralizar los servicios de *streaming*. La naturaleza única de la blockchain de Theta Network también permitirá la creación de capas de aplicaciones descentralizadas que proporcionen funciones específicas, como transmisión *peer-to-peer,* transmisiones deportivas en directo, formación, conferencias, televisión y películas.

Aunque la iniciativa aún se encuentra en una etapa inicial, se espera que la gente utilice criptotokens THETA como método para pagar y remunerar a los creadores de contenido, comercializar productos virtuales y comprar servicios premium.

SAND (de The Sandbox)

Sandbox se mencionó brevemente en el capítulo 2 y se tratará con más detalle en el capítulo 12. Básicamente, es una plataforma que integra una blockchain, criptomonedas y NFT en un metaverso 3D. Con el uso de herramientas creativas gratuitas, su entorno virtual permite a los jugadores desarrollar y personalizar sus propios juegos y elementos digitales para comercializarlos como NFT en el mercado de la plataforma, donde otros usuarios pueden usar tokens SAND (o monedas virtuales SAND, para comprender mejor este concepto) para pagar.

Además, los poseedores de SAND pueden ganar premios, que incluyen una parte de las ganancias generadas por todas las transacciones con SAND. Tener tokens SAND también aumenta la probabilidad de descubrir «piedras preciosas» y los «catalizadores» necesarios para crear elementos escasos y excepcionales en la plataforma. Una característica de la criptomoneda SAND es que no solo está disponible en el juego Sandbox, sino también en los mercados de intercambio de criptomonedas, como el famoso portal Binance.

MANA (de Decentraland)

Aunque Decentraland ya se ha citado en el capítulo 4 al hablar de las iniciativas más importantes en el Metaverso por parte de empresas norteamericanas, se darán más detalles acerca de esta plataforma en el capítulo 12. Es una plataforma donde los usuarios pueden crear y monetizar contenidos y aplicaciones en espacios virtuales 3D. MANA, la criptomoneda oficial de Decentraland, se basa en la blockchain Ethereum y permite a los usuarios adquirir o intercambiar terrenos en ese mundo virtual, así como pagar por productos y servicios en dicho entorno, como propiedades, avatares, abalorios y nombres únicos en el mercado de la plataforma. Es una criptomoneda finita, como Bitcoin, y hay un total de 2.190 millones de tokens MANA disponibles para su compra.

AXS (de Axie Infinity)

Axie Infinity es un juego consistente en criar criaturas virtuales, llamadas *axies,* para luego usarlas para combatir con ellas contra otros usuarios. En 2018, Sky Mavis desarrolló la plataforma, que alcanzó alrededor de 2,7 millones de usuarios activos diarios en 2021. En el mercado de este juego se venden *axies* y bienes inmuebles virtuales mediante NFT, y la mayoría de las transacciones se llevan a cabo a través de una versión simplificada de la blockchain Ethereum llamada Ronin (menos segura, pero también con tarifas de transacción más bajas).

Axie Infinity se define a sí mismo como un juego para ganar dinero, donde los jugadores pueden vender artículos a través del mercado del juego, así como recibir criptotokens del juego. Si alguien ha alimentado y entrenado adecuadamente a sus *axies,* su valor aumenta y podrá venderlos por un precio más alto que el que pagó inicialmente por ellos. Al igual que The Sandbox, este juego también permite a los usuarios comprar y vender criptotokens AXS en mercados de intercambio de criptomonedas como Coinbase.

SUSHI (de SushiSwap)

SushiSwap alberga un popular *exchange*[1] descentralizado que permite a los usuarios comprar y vender monedas digitales. Para incorporarse al Metaverso, la compañía construyó un mercado NFT llamado The Shoyu, que permite a los artistas digitales creadores de NFT desarrollar galerías 3D en la plataforma, la cual cuenta también con una «barra de sushi» virtual para permitir que coleccionistas y creadores interactúen mediante un chat.

En The Shoyu, los coleccionistas también pueden comprar enlaces para sus propias galerías NFT, que pueden personalizar según sus gustos. Estos enlaces recibirán visitas y proporcionarán una mejor manera de mostrar sus colecciones de arte virtual (NFT).

1. Este es el término que se utiliza comúnmente para denominar los mercados online para comprar y vender criptomonedas de varios tipos.

ENJ (de Enjin Coin)

Enjin es una plataforma para crear comunidades de juegos online. Su misión es simplificar los juegos, ofreciendo herramientas respaldadas por criptomonedas, entre las que se encuentran complementos de juegos *(plugins),* kits de desarrollo de software (SDK) y aplicaciones de administración de elementos virtuales, todos ellos configurados como NFT en la plataforma. Enjin también ofrece funciones relacionadas con las criptomonedas, como billeteras y una plataforma de pasarela de pago. Utiliza la blockchain Ethereum y, cuando se crea un nuevo NFT en el sistema, su valor (en ENJ) se establece en un *smart contract.*

El futuro de las criptomonedas y el Metaverso

Hemos visto que el Metaverso y las criptomonedas son conceptos que van de la mano: mundos virtuales y dinero virtual para gastar en ellos. Sin embargo, Metaverso y criptomoneda son conceptos separados que pueden existir perfectamente el uno sin el otro, al menos por el momento.

No obstante, es evidente que existe una sinergia potencial entre ambas ideas y que convergerán con el tiempo. Tan pronto como el Metaverso ofrezca artículos valiosos, incluso virtuales, la gente demandará métodos de pago fáciles, rápidos y fiables, y las criptomonedas son la mejor solución para esos mundos plenamente digitales.

También es interesante que, dado el enorme potencial del Metaverso para transformar las empresas, las personas y la sociedad en general, también se espera que tenga un impacto significativo en la evolución de las criptomonedas, que, a su vez, tendrán un impacto en la sociedad.

Una de las grandes ventajas del Metaverso es que hay mucha menos fricción que en el mundo físico. En el Metaverso, si queremos ir a algún lugar simplemente hacemos clic en un enlace, damos una orden o hacemos un gesto y ya estamos allí. No hay necesidad de infraestructuras de transporte costosas y mastodónticas, consumo de energía y tiempo, burocracia o hacer el equipaje.

Como se ha visto al principio de este capítulo, lo mismo ocurre con las criptomonedas. Las transacciones con dinero tradicional (fiduciario) requieren una vasta infraestructura de bancos y reguladores que actúen como custodios, intermediarios y servicios de transacciones financieras. Por otro lado, las transacciones con criptomonedas, por lo general, solo requieren programas que se ejecuten en ordenadores o teléfonos móviles.

A medida que el Metaverso se popularice y pasemos una mayor parte de nuestro tiempo online, trabajando en oficinas virtuales, jugando con nuestros amigos a distancia o incluso tomándonos unas vacaciones en el Metaverso, necesitaremos formas sencillas para pagar los bienes y servicios virtuales. Incluso podrían servir para comprar bienes inmuebles virtuales si queremos poseer nuestra propia parcela de terreno digital para entretener a amigos o abrir un negocio.

De hecho, el Metaverso podría suponer una contribución significativa a la economía global. Según la previsión de la consultora McKinsey en 2022, podría alcanzar los 5 billones de dólares para 2030. Y se espera que gran parte de ese valor se concrete en criptomonedas. Esto podría significar que las criptomonedas entren en el grueso principal de la economía a medida que cada vez más gente se familiarice con su uso como medio de pago.

Cuando esto suceda, es indudable que los gobiernos y legisladores sentirán la necesidad de intensificar los esfuerzos para regular y controlar las criptomonedas. Como ya se ha apuntado, esto seguramente impulsará la aparición de criptomonedas «oficiales» para algunas regiones, como el ya existente e-yuan o el euro digital, que está en fase piloto actualmente. Mientras tanto, en cuanto a las criptomonedas disponibles en el momento presente, aunque ha habido bastante más organización e interés en los últimos años (con un número creciente de países que han comenzado a introducir marcos regulatorios en torno a las monedas digitales, como la regulación europea MICA), todavía queda mucho por hacer en lo que respecta a la gobernanza y otros aspectos organizativos en este campo. Esto se traduce en poca protección para los compradores o empresas que dependen de criptomonedas como Bitcoin, Litecoin o Dogecoin para hacer negocios y en pocos recursos para los consumidores en caso de que sean víctimas de la gran cantidad de estafas existentes.

A medida que se hagan más populares, los gobiernos también podrían optar por regular las criptomonedas según su eficiencia energética o su nivel de contaminación. Por ejemplo, a las redes que dependen de algoritmos que exigen más energía se les podrían aplicar tasas impositivas más altas sobre las transacciones, mientras que aquellas que utilizan algoritmos más eficientes podrían pagar una tasa más baja.

Siguientes pasos

A medida que las criptomonedas se conviertan en el principal medio de intercambio para las personas que compran y venden en el Metaverso, sus usuarios se sentirán cada vez más cómodos con los métodos para adquirirlas, manejarlas y guardarlas. Esto significa que también se usarán con más frecuencia fuera del Metaverso (para enviar dinero a amigos y familiares, por ejemplo). Esto será especialmente relevante si estos intercambios implican que el dinero cruce las fronteras nacionales, cosa que, con la moneda regular, a menudo implica comisiones elevadas.

Esto, a su vez, significa que es probable que los bancos y otras instituciones financieras existentes intensifiquen sus esfuerzos para facilitar modelos financieros derivados de criptomonedas o Blockchain. De hecho, esto ya está sucediendo. Para seguir siendo competitivas en una era de sistemas financieros sin fronteras y sin intermediarios, impulsados por modernas empresas de tecnología financiera (las denominadas Fintech), todas las instituciones financieras, especialmente los bancos, deben racionalizar su propia infraestructura. Si bien algunos expertos prevén que las criptomonedas podrían acabar significando el fin de la banca tal como la conocemos, a corto plazo es más probable que las personas y las empresas aún quieran beneficiarse del nivel de protección y regulación que la banca y los bancos centrales brindan a las redes de transacciones. Pero los que prosperarán en este nuevo entorno de monedas digitales y finanzas entre particulares serán los que sean flexibles y tengan visión de futuro con sus propias políticas en lo que respecta a la adopción de criptomonedas. PayPal y Mastercard son ejemplos de sistemas de pago que interactúan plenamente con las criptomonedas (Bitcoin en particular), ya que ambas empresas han declarado que creen que las criptomonedas desempeñarán un papel importante en el futuro de los pagos.

En conclusión, a la hora de establecer divisas en el Metaverso, las criptomonedas son claramente la opción más natural. Como ambas tecnologías aún están en fase embrionaria, se espera que cada una influya en el desarrollo de la otra. Y también es probable que sus trayectorias evolutivas se vean influenciadas por los cambios sociales en el modo de experimentar la nueva realidad digital. Es innegable que cada vez hay más personas que pasan más tiempo conectadas, y esto aumentará a medida que el mundo virtual se vuelva más inmersivo, entretenido y atractivo con la llegada del Metaverso. Una consecuencia de ello será que las criptomonedas desempeñarán un papel más importante en nuestras vidas.

Resumen

En este capítulo se han revisado el funcionamiento de las criptomonedas y algunas ideas sobre su esperado impacto en el Metaverso. Repasemos los temas principales:

- El sistema monetario actual se basa en confiar en que los bancos centrales producirán dinero a un ritmo controlado para mantener más o menos el valor del dinero. Las criptomonedas utilizan algoritmos basados en Blockchain para registrar transacciones y pueden proporcionar una cantidad limitada de tokens («monedas virtuales») para hacer que sean valiosas.
- Aunque hay muy pocas criptomonedas que tengan la popularidad del Bitcoin o el Ether, hay más de 9.000 en realidad. Cada día se lanzan nuevas criptomonedas, aunque la mayoría de ellas solo sobrevive algunos meses, días o incluso menos antes de perder su valor y desaparecer.
- Algunas de las criptomonedas existentes están directamente asociadas a juegos o aplicaciones del Metaverso o son usables en su ámbito. Las más populares son MANA (usada en Decentraland), SAND (de The Sandbox), THETA (desarrollada por Theta Network), AXS (usada en el juego Axie Infinity), ENJ (usada en Enjin) y SUSHI (de SushiSwap).
- Las criptomonedas y el Metaverso convergerán pronto. El entorno simplificado y sin fricciones que proporciona la RV y la gran cantidad de aplicaciones desarrolladas para el Metaverso atraerán dinero y transacciones y las criptomonedas son la combinación perfecta: simples y, a la vez, capaces de posibilitar transacciones complejas a gran escala.

Capítulo 9
Smart contracts y NFT: propiedad e interacción en el Metaverso

NFT es un acrónimo que suele aparecer de vez en cuando en las noticias. Como se verá más adelante, un NFT *(Non-Fungible Token)* es un programa que utiliza una blockchain para certificar con total garantía que un elemento digital (un archivo) es único y está asociado a un propietario específico. Como se mostrará en este capítulo, esto es crucial para permitir transacciones de objetos virtuales en el Metaverso. Con el tiempo, algunos objetos virtuales podrían vincularse de manera bidireccional con sus contrapartidas físicas, lo que convertiría los NFT en un elemento valioso para proteger la propiedad privada en general.

Los NFT se basan en la tecnología de los *smart contract*s («contratos inteligentes», literalmente). Como se verá a continuación, los *smart contracts* están relacionados con las interacciones no solo en el mundo digital, sino también en nuestra vida diaria. Aumentan el nivel de confianza de los contratos al automatizar su ejecución cuando se cumplen las condiciones establecidas y proporcionan una seguridad total al hacer que los contratos queden «grabados a fuego» (o, mejor dicho en nuestros tiempos, registrados en una blockchain, inalterable).

¿Qué son los smart contracts?

Un *smart contract* es un contrato que está asociado, de manera intrínseca e inseparable, a una pequeña aplicación informática que hace uso de la tecnología Blockchain para cumplir tres funciones:

1. Dar fe y dejar constancia, sin lugar a dudas, de la existencia y términos del contrato;
2. verificar en tiempo real el cumplimiento o no de las distintas cláusulas del contrato, e
3. iniciar las acciones oportunas incluidas en el contrato, según el cumplimiento o no de cada cláusula.

Como puede verse, un *smart contract* podría definirse como un contrato de «ejecución automática» entre las partes, en el sentido de que no es necesario que ninguna de ellas, ni ningún tercero o comisión, vigile el cumplimiento o incumplimiento del contrato para iniciar las consecuencias derivadas de este. Todas las partes que firmaron el contrato conocerán el resultado inmediatamente.

Las implicaciones directas de los *smart contracts* son enormes:

- No se necesita ningún tercero —notario, árbitro o similar— para dar fe del contrato. El contrato se mantiene como si fuera un contrato privado, pero, al estar protegido por una red Blockchain, podría utilizarse como prueba irrefutable si fuera necesario. Aunque esto tampoco será necesario, como se muestra a continuación.
- Las cláusulas siempre se respetan. Sean cuales sean, se cumplen, ya que la aplicación informática emprende inevitablemente las acciones sin que nada ni nadie pueda impedirlo. El programa que contiene las condiciones del *smart contract* se adjunta a la blockchain seleccionada y se distribuye por todo el mundo, por lo que nadie puede cambiarlo jamás.
- Cualquier mecanismo de compensación o reclamación en el contrato, además de ponerse en marcha de forma auto-

mática, puede ser inmediato (o no, dependiendo de los términos pactados en el contrato).

- A la hora de firmar un *smart contract,* respetar la ley resulta esencial, ya que será imposible bloquear la ejecución de las acciones automáticas una vez que el contrato esté registrado en la blockchain, incluso si entraran en conflicto con la ley. Cualquier cosa ilícita recogida en el contrato solo podrá reclamarse *a posteriori,* una vez ejecutadas las acciones automatizadas.

Los *smart contracts* pueden servir para cualquier cosa y, en el futuro, seguramente se efectuarán ventas de inmuebles y se emitirán títulos académicos por este medio. Sin embargo, los primeros pasos en este terreno se están dando con contratos de menor alcance como, por ejemplo, la entrega de bienes. Quien haya comprado online habrá visto que primero tiene que pagar la mercancía y luego esta le llega a casa. Hay que confiar en que todo saldrá como se espera, pero la cadena podría fallar en cualquier punto, intencionadamente o no (la tienda online podría ser una estafa y no enviar ningún producto, el producto podría estar agotado y la empresa nos hace esperar durante semanas aunque nos hayan prometido entrega rápida, el operador logístico podría perder o dañar el producto, el transportista podría dejárselo a un vecino que no nos avise, etcétera).

Con un *smart contract,* toda la cadena de valor se vuelve fiable: en lugar de pagar por la mercancía, se firma un acuerdo en el que, cuando el producto llegue efectivamente a tus manos, se realizará un pago con tu tarjeta al vendedor. Esto se comprobará porque el propio paquete llevará incorporada una etiqueta RFID (la misma que se pega a la ropa en las tiendas y hace sonar la alarma al salir de la tienda sin pagar). El operador logístico leerá esa etiqueta al recoger la mercancía y el cliente también la leerá con su móvil cuando el mensajero se la entregue. Posiblemente la caja también incorporará un sensor de impacto para que, al realizar la entrega, se comunique al instante si el paquete ha sufrido un impacto fuerte y, de ser así, el terminal del mensajero bloquee la entrega; tanto el vendedor como el comprador recibirán un aviso y, automáticamente, el operador logístico compensará al vendedor según los términos acordados.

Todo esto, que parece bastante complejo y casi ciencia ficción, puede asimilarse con mucha más facilidad si uno busca «lectores RFID» o «sensores de impacto» en Internet y comprueba que se venden por pocos céntimos. La tecnología ya está disponible; es solo cuestión de tiempo que la veamos extenderse a todos los aspectos de nuestra vida.

Beneficios de los smart contracts

La figura 9.1 resume los beneficios que ofrecen los *smart contracts:*

- Seguridad: todos los términos del contrato quedan recogidos en una blockchain que lo mantiene siempre disponible y distribuido por toda la red. Es imposible que el contrato «se pierda».
- Precisión: como sus términos están codificados mediante un pequeño programa (llamado *script),* las condiciones que permiten determinar si cada cláusula se cumple o no deben ser siempre absolutamente precisas; de lo contrario, no serían transferibles al lenguaje informático.
- Ejecución rápida: como cualquier servicio digital, un *smart contract* se ejecuta en un sistema informático casi instantáneamente. No es necesario ningún procedimiento manual adicional ni esperar a ver si se cumple o no una condición.

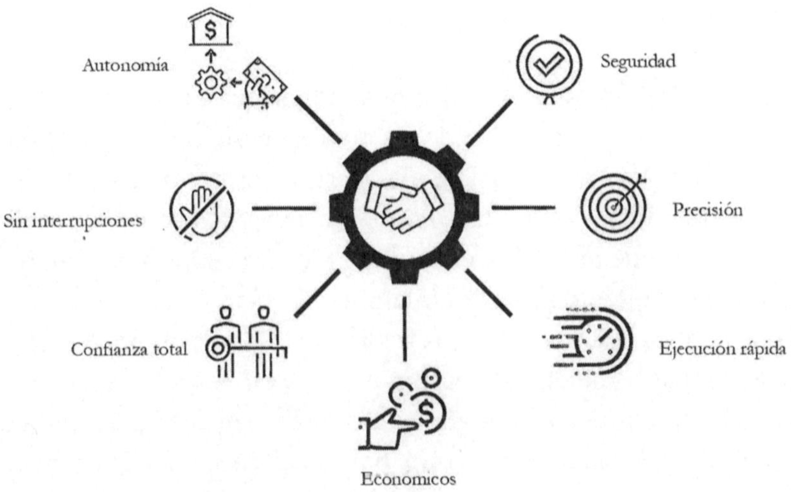

Figura 9.1. Beneficios de los *smart contracts*.

- Económico: al eliminar intermediarios (principalmente terceros como notarios e incluso el sistema judicial, inicialmente), es la solución más económica para acuerdos fiables, especialmente entre partes distantes o desconocidas, donde a menudo el sistema judicial tiende a fracasar o resultar extraordinariamente caro.
- Confianza total: dado que todos los términos y condiciones del contrato se almacenan en una blockchain, ninguna de las partes necesita hacer un acto de fe en ninguno de sus ámbitos. Una vez firmado, el contrato se ejecutará irremisiblemente, a menos que Internet desapareciera de la Tierra.
- Sin interrupciones: como se ha dicho, nada puede impedir que un *smart contract* se ejecute hasta su finalización. Ni las partes ni ningún fenómeno externo pueden interrumpir su ejecución.
- Autonomía: una vez firmado, un *smart contract* funcionará como una entidad independiente de las partes. Aunque una de las partes desapareciera, el contrato permanecerá.

¿Cómo funciona un smart contract?

La figura 9.2 muestra los pasos para establecer un *smart contract* en una operación de venta de un bien o servicio. El *smart contract* reemplaza por completo al contrato escrito tradicional. Una de las diferencias entre los *smart contracts* y los contratos tradicionales es que no solo el comprador y el vendedor tienen un papel activo en el contrato, sino también el bien o servicio que se comercializa. En los contratos tradicionales, en cambio, ese bien tiene un papel meramente pasivo. Esto es así porque, dependiendo del cumplimiento o no de las distintas cláusulas del contrato («términos y condiciones»), el bien actuará de una manera u otra. El *smart contract* es autoejecutable, es decir, el algoritmo que incorpora siempre verificará el cumplimiento de las cláusulas e informará al bien objeto del contrato sobre cómo proceder. En el caso más sencillo, si se confirma el pago de un bien, se dará automáticamente la orden de entrega. En otros casos más complejos, se podrían establecer sanciones, por ejemplo, o incluso un requerimiento a un tercero para que informe de una irregularidad o de la intención de iniciar una demanda judicial.

Hemos visto el funcionamiento teórico del *smart contract,* que es bastante sencillo. Sin embargo, su implementación práctica entraña una complejidad considerablemente mayor. Hay dos dificultades fundamentales que resolver, a saber:

- Es sumamente importante que las cláusulas del contrato estén correctamente programadas en el *smart contract* para que no haya errores en su interpretación y ejecución. Numerosas encuestas, con todo tipo de perfiles personales, muestran una mayor confianza en las máquinas que en las propias personas. Sin embargo, la tecnología cada vez falla más, debido sobre todo al progresivo aumento de la complejidad de los sistemas. Esto imposibilita controlar lo

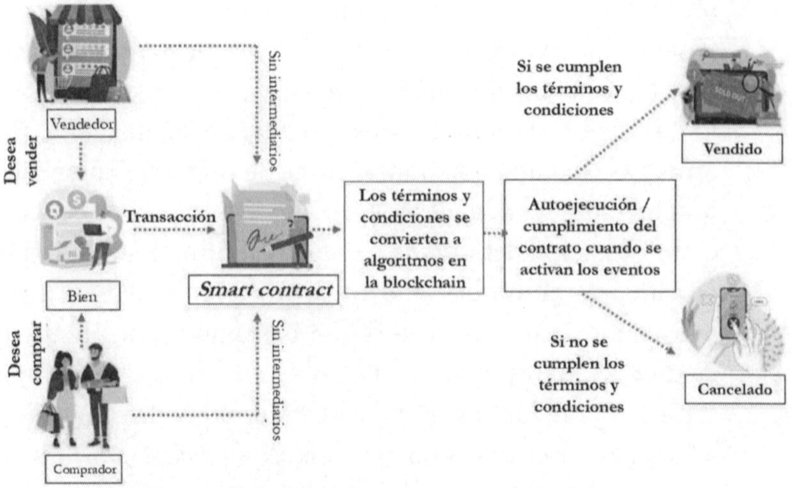

Figura 9.2. Fases para firmar y ejecutar un *smart contract* en una transacción comercial.

que técnicamente se denomina «estados de error» (informalmente, un estado de error es donde podría acabar un algoritmo si alguna de las variables involucradas no tiene un valor considerado normal; recordemos las clásicas pantallas azules de Windows, por ejemplo). Así pues, es muy importante que el algoritmo que implemente el *smart contract* tenga la robustez suficiente, lo que está directamente relacionado con su simplicidad.

- Para que un *smart contract* pueda tomar decisiones automáticas sobre el cumplimiento o no de las cláusulas que contiene, debe tener acceso a información sobre determinadas variables del entorno. Se podría decir que necesita «ojos» para ver lo que sucede para así determinar las siguientes acciones. Dado que un *smart contract* es un algoritmo —digital por naturaleza—, es necesario que toda esta información llegue al sistema que contiene el algoritmo en formato digital. Esto se traduce en la necesidad de colocar sensores digitales capaces de medir ciertas variables de forma continua. Por ejemplo, en el caso del transporte de alimentos frescos o congelados, puede ser imprescindible en el contrato que se preserve la cadena de frío, por lo que será necesario un sensor digital de temperatura. En otros casos, como una transacción con diferentes monedas involucradas, será necesario un conector con los sistemas de información del tipo de cambio. En otros acuerdos más «exóticos», como un *smart contract* para contratar a un «paseador de perros» (un oficio bastante frecuente en la ciudad de Nueva York, como se ve en muchas películas), sería conveniente que el perro llevara un collar con GPS. Y, sin pensar en casos tan peculiares, un *smart contract* de asistencia en carretera debería incluir un conjunto bastante amplio de sensores en un vehículo para llamar automáticamente a los servicios de emergencia e informar si los pasajeros están conscientes o no, qué tipo de impacto ha sufrido el vehículo y con qué fuerza, si hay riesgo de incendio por vertido de combustible, si el vehículo ha quedado dentro o fuera de la carretera, si está volcado, etcétera. Con este ejemplo, podemos comprender una de las mayores ventajas de los *smart contracts* en comparación con el simple uso de un sistema privado sin una protección contra el fraude probada y de aceptación general; con un *smart contract* implementado en el vehículo, el programa podría advertir automáticamente del accidente a las señales de tráfico, los servicios de emergencias y los otros vehículos, para que estos tomaran acciones concretas, como bloquear un carril o un tramo completo de la vía, reducir temporalmente el límite de velocidad, etcétera.

En conclusión, los *smart contracts* conquistarán progresivamente la mayoría de los sectores. La enorme reducción de precio de los sensores digitales, debida principalmente a su uso en la industria de los teléfonos móviles, ayudará a acelerar su adopción. En cuanto a la tecnología de soporte Blockchain, hoy en día la red Ethereum tiene una amplia cuota de mercado en *smart contracts,* ya que fue la primera en ofrecer su implementación.

Cuestiones importantes sobre los smart contracts

Para concluir, las tres cuestiones probablemente más relevantes que deben considerarse en el uso de *smart contracts* son las siguientes:

- Definir muy bien los términos. Las cláusulas del contrato son objeto de seguimiento en tiempo real por la blockchain y, en consecuencia, se ejecutarán acciones automáticas, sin intervención humana. Es imprescindible, pues, que todos los términos estén descritos a la perfección en las cláusulas del contrato. Debido a su técnica de construcción (un algoritmo), los *smart contracts* no permiten lagunas o inconsistencias en sus términos. Funcionan de manera puramente lógica, con cláusulas del tipo «Si... entonces...». Es, por lo tanto, necesario definir los *smart contracts* a medida que codificamos los algoritmos. Quizás veamos en breve «abogados desarrolladores de software» y bufetes con una presencia significativa de ellos.
- Respetar la ley. Un *smart contract* no conoce la ley. Todos sabemos que las leyes tienen prioridad sobre los contratos, pero esta cuestión normalmente la resuelve un juez o árbitro. Aunque un *smart contract* podría reclamarse ante los tribunales, su objetivo es precisamente evitar eso mediante un acuerdo autónomo y fiable entre las partes. Por esta razón, mientras la legislación de un país no se exprese en reglas comprensibles para los *smart contracts* (y

esto probablemente no ocurrirá nunca por el cúmulo de intereses e ineficiencias adquiridos desde el comienzo de los tiempos), es posible que algún contrato violara la ley. Esto no es distinto de lo que ya sucede con los contratos regulares, pero debemos recordar que un *smart contract* impone automáticamente sanciones y consecuencias por incumplimiento, incluso si son contrarias a la ley.

- Implementación correcta. Aunque pueda parecer una perogrullada, los *smart contracts* implementan las cláusulas que contienen (en la forma de un algoritmo, como hemos visto) en una aplicación y ya sabemos que las aplicaciones pueden fallar. Por lo tanto, no solo es fundamental utilizar una blockchain para generar confianza, sino también que su implementación sea correcta. Aunque la práctica de los *smart contracts* no está aún muy extendida, en los próximos años veremos la aparición de cada vez más proveedores de *smart contracts* que, de manera gratuita o por una pequeña tarifa, ofrecerán la codificación de reglas o cláusulas en blockchains concretas. Será importante confiar únicamente en proveedores reconocidos para evitar a los muy probables estafadores y proveedores no cualificados. Sin embargo, dado que el *smart contract* residirá en la red correspondiente (Ethereum, por ejemplo) y no en cualquier entidad, una vez que se garantice que el contrato está correctamente codificado y registrado, será irrelevante que el proveedor que lo codificó desaparezca posteriormente. Esto es totalmente diferente de los contratos que recurren a depósitos de garantía *(escrow,* en inglés), donde hay un tercero de confianza que se encarga de verificar que se cumplan las cláusulas para liberar los bienes o fondos de una parte a la otra. Un depósito de garantía supondría un serio problema si el tercero de confianza desapareciera como entidad o dejara de ser digno de confianza. Por el contrario, en un *smart contract* no se necesita ningún tercero: incluso si la vida se extinguiera de pronto sobre el planeta Tierra, las condiciones del contrato se ejecutarían con normalidad, siempre que hubiera un solo ordenador conectado a la red (Ethereum, por ejemplo) en cualquier parte del mundo.

Como se ha visto, los *smart contracts* son una de las características más interesantes de la Web 3.0 o Metaverso. Pueden emplearse para muchos propósitos, incluyendo la cesión de fondos a las partes apropiadas, el registro de propiedad privada virtual, el comercio electrónico, el envío de notificaciones formales o la emisión de tickets o entradas. Probablemente comenzarán a madurar en la realidad física, pero es seguro que contribuirán a desarrollar muchos de los nuevos servicios digitales en el Metaverso.

Qué son los NFT

NFT es el acrónimo de *Non-Fungible Token,* que puede traducirse como «token o ficha no fungible». En lenguaje llano, podría describirse como un «justificante de que algo es único». La razón es que un NFT no es más que un fragmento de código (software) que hace uso de la tecnología Blockchain para servir de «envoltura digital» de un activo digital (un archivo incrustado, irrevocablemente anexado a este código) y atestiguar su unicidad. La figura 9.3 muestra un esquema gráfico.

Si esta explicación le resulta un poco difícil de entender, veamos un ejemplo: supongamos que toma una fotografía con su teléfono móvil. Naturalmente, la foto se almacena en un archivo digital (un activo digital) en el teléfono. Puede compartir esa foto con sus amigos y familiares, en su perfil social o incluso hacer una copia de seguridad en la nube o en su ordenador. Aquí no

Figura 9.3. Representación gráfica de la información de un NFT almacenado en una blockchain.

entran los NFT, pues, por su propia naturaleza, los archivos digitales pueden copiarse indefinidamente y siempre serán iguales.

Ahora suponga que decide instalar una aplicación para convertir archivos en NFT en su teléfono. Después, cuando hace la foto, la aplicación la procesa y agrega un fragmento de código (un token) basado en Blockchain que le pone un «sello» a esa foto, para dejar constancia de que es la original. Como es habitual en esta tecnología, ese token se comparte en la red Blockchain correspondiente y se almacena en su blockchain. Acaba de convertir una fotografía en un activo único que puede rastrearse, comprarse, venderse y almacenarse, e incluso copiarse, pero no duplicarse.

Un momento... ¿No es lo mismo copiar que duplicar? En el mundo digital, no. Los lectores de libros, y especialmente los autores, pueden comprender muy bien esta diferencia con el ejemplo de los libros impresos: si bien un editor puede imprimir miles de copias de un libro (copiar), cuando el autor firma una dedicatoria de un ejemplar a alguien, ya no es posible replicar exactamente ese libro (duplicar). Algo similar ocurre con los NFT en el mundo digital. La clave de los NFT es que están encriptados en la blockchain y solo el propietario tiene la clave para descifrar el activo correspondiente. Pero entonces, ¿qué utilidad puede tener este invento? Veamos primero las características fundamentales de los NFT:

- Unicidad. Cada NFT es único. No es posible tener dos NFT idénticos. Cada uno tendrá un registro específico dentro de la red Blockchain que se utilizó para generarlo y registrarlo.
- Indivisibilidad. Un NFT, una vez generado, es indivisible. Si creamos un NFT con un libro, por ejemplo, cualquier extracción de un capítulo o cualquier borrado (de la página de copyright, por ejemplo) será detectable, ya que no coincidirá con el registro existente en la red Blockchain correspondiente.
- Transferibilidad. Al registrar un NFT en una red Blockchain, también se registran datos asociados al activo digital (normalmente, quién es el propietario, como ocurre en el caso de las criptomonedas). Si bien como propietarios podemos realizar tantas copias de seguridad de un NFT como queramos, formalmente todas ellas estarán ligadas a nuestro identificador y, legalmente, la propiedad del activo será nuestra. Al estar el activo encriptado, solo nuestro código personal podrá descifrarlo, al igual que ocurre con las criptomonedas (nadie más podrá acceder a ellas a menos que hagamos una transferencia a su cuenta, quedando registrada la transacción en Blockchain y, en consecuencia, cambiada la clave de acceso por la del nuevo propietario).
- Escasez. Por todo lo anterior, los NFT son escasos por naturaleza. En realidad, se generan uno a uno, o podríamos pedir-

le a un algoritmo que genere un número finito de NFT a partir de un archivo (una foto, un vídeo, un libro, una canción, la lista de códigos secretos para lanzar el arsenal nuclear de Estados Unidos, etcétera). Este algoritmo haría el trabajo de generarlos uno a uno y registrarlos secuencialmente en la red Blockchain correspondiente a nuestro nombre.

Puede que ahora se comprenda un poco mejor el motivo de los NFT: producir bienes escasos en el mundo digital, donde, tradicionalmente, todo podía copiarse *ad infinitum.* Pero hay muchas más posibilidades. Por ejemplo, se puede crear una red Blockchain para artistas que permita a los creadores de NFT cobrar derechos cada vez que venden uno de sus NFT, y no solo cuando lo venden por primera vez, sino también cada vez que este NFT se comercializa posteriormente en el mercado secundario. Esta práctica, muy fácil si se recurre a los NFT, es poco factible o imposible de implementar sin ellos, ya que, una vez vendida la obra por el artista, este pierde la trazabilidad de las ventas sucesivas.

Está claro que los artistas necesitan de los NFT, pero el panorama es aún más amplio. Los NFT serán el futuro de la propiedad digital. En el Metaverso, donde todo está digitalizado, se necesitarán más que nunca sistemas de protección de la propiedad como los NFT. A corto plazo, se espera que los NFT se extiendan a campos como la música, los deportes y los juegos, además de otros sectores a más largo plazo.

¿Qué no es un NFT?

Estamos acostumbrados a oír hablar constantemente del acrónimo NFT en las noticias, pero no todo lo etiquetado como tal en los medios es un NFT propiamente dicho. Los NFT son virtuales por naturaleza. Con lo que ya sabemos de los *smart contracts,* podemos decir que un NFT es un *smart contract* donde el activo es un elemento digital (un archivo). Así pues, nuestra vivienda física nunca podría ser un NFT, una camisa —la prenda física— tampoco, ni un automóvil, ni un reloj, ni el cuadro de la *Mona Lisa* de Leonardo... ¡Nada de eso!

Una fotografía digital de la *Mona Lisa* hecha por un fotógrafo famoso, un reloj Rolex virtual (cuando estén a la venta) o la grabación de una canción podrían ser un NFT. Otros elementos son más difíciles de evaluar. Por ejemplo, las escrituras de nuestra casa podrían ser un NFT si se firmaron bajo la forma de un *smart contract* que fue aceptado por la jurisdicción y administración nacional del país donde se encuentra la propiedad. De todos modos, la casa misma nunca sería un NFT, solo las escrituras. Esto significa que alguien podría destruirla aun cuando se conservara el NFT de sus escrituras. O alguien podría ocuparla. Todo sería igual que con unas escrituras normales, porque la casa nunca será un NFT.

Finalmente, encontramos muchas situaciones en las que la gente llama NFT a un *smart contract.* Lo cierto es que un NFT es un tipo de *smart contract* donde el activo es virtual. Pero si el activo es físico, como en el caso de la casa, entonces tenemos un *smart contract,* pero no un NFT.

Resumen

Este capítulo ha tratado de dos tecnologías vitales que posibilitarán que el Metaverso funcione: los *smart contracts* y los NFT. Quedémonos con las siguientes ideas:

- Un *smart contract* es un contrato asociado a un fragmento de software basado en Blockchain que registra de manera inequívoca los términos del contrato, verifica en tiempo real el cumplimiento o no de las diferentes cláusulas y pone en marcha las acciones oportunas en consecuencia.

- Los *smart contracts* se consideran contratos automatizados que no necesitan de ningún tercero que dé fe del acuerdo ni ejecute las cláusulas. El contrato se registra de manera distribuida en una blockchain.
- Para el seguimiento y la ejecución de las cláusulas en tiempo real se necesita información digital sobre los eventos asociados. Si las cláusulas se refieren a eventos naturales o físicos, se necesitan sensores o soluciones de IoT para traducir la información física a digital.
- Los *smart contracts* brindan seguridad, precisión, ejecución rápida, menores costes, confianza total, ausencia de interrupciones y autonomía.
- Los tokens no fungibles (NFT) son un tipo particular de *smart contract* donde un activo o archivo digital (una imagen, un vídeo, un texto, una base de datos) se encapsula como un bloque de una blockchain y luego se establecen ciertas condiciones, como autoría, propiedad, valor, etcétera.
- Por naturaleza, los NFT son únicos, indivisibles y transferibles (son bloques en una blockchain, por lo que heredan las mismas características de esta tecnología). Esto los hace escasos y susceptibles de transacción. Dada la trazabilidad total que proporciona la tecnología Blockchain, los NFT se pueden comercializar de muchas más maneras que los artículos físicos (por ejemplo, un autor podría establecer reglas de derechos de autor para un libro digital o una fotografía en el mercado de segunda mano).
- El concepto NFT es un tanto complejo de entender y con frecuencia se utiliza incorrectamente (sin intención o a propósito) en las noticias.

Capítulo 10
¿Cómo acabaré en el Metaverso?

En este capítulo se muestra cómo llegará el Metaverso a nuestras vidas desde diferentes perspectivas. Como tendencia inevitable, la pregunta no es si el Metaverso nos afectará (en un sentido positivo o negativo), sino cuándo y cómo. Como se muestra en la figura 10.1, las tecnologías habilitadoras están avanzando progresivamente hacia la derecha de la típica curva *hype* de Gartner, fomentando a la vez la madurez del Metaverso. Veamos los diferentes factores que llevarán el Metaverso a todas las sociedades.

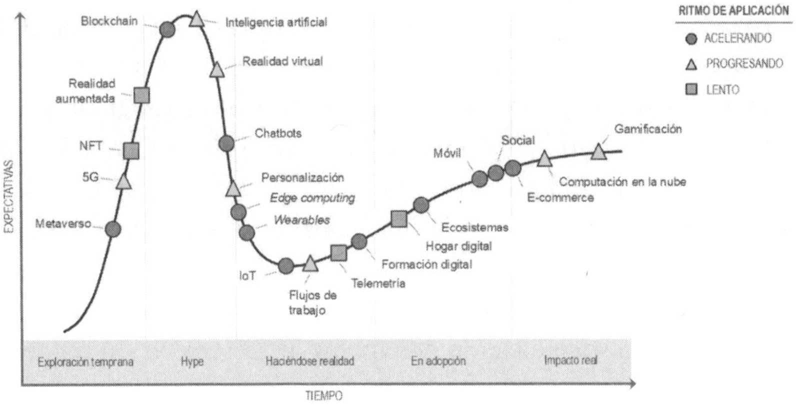

Figura 10.1. Ciclo *hype* del Metaverso
y otras tecnologías habilitadoras (elaboración propia).

El sistema económico del Metaverso

El sistema económico del Metaverso discurre paralelo al sistema económico real y ambos pueden contemplarse como un sistema económico en paralelo (Wen *et al.,* 2013). Una vez que el Metaverso haya madurado, la óptima operación económica del sistema económico real solo será posible mediante una gestión simultánea del sistema económico paralelo. En definitiva: nadie escapará del Metaverso. En primer lugar, el sistema económico del Metaverso podrá proporcionar una descripción detallada del conocimiento que se necesite en el sistema económico real, así como teorías económicas, procedimientos, procesos y operaciones relacionados. Como tal, será utilizado por los directivos de empresas y gobernantes con fines de aprendizaje y formación. En segundo lugar, dado que en el Metaverso será factible y fácil realizar multitud de simulaciones experimentales repetidas, cualquier decisión o propuesta que afecte a organizaciones reales en la economía real será evaluada (simulada) y comprobada en el sistema económico del Metaverso antes de su implantación. Además, los resultados de los experimentos por ordenador también pueden proporcionar predicciones para los estados financieros futuros de dichas organizaciones, siempre que el modelo digital traduzca con suficiente detalle la economía real. En tercer lugar, impulsado por entidades reales (usuarios y organizaciones), el sistema económico del Metaverso emulará el sistema económico real y proporcionará prescripciones para la economía real.

En conclusión, es posible predecir que el Metaverso entrará paulatinamente en nuestras vidas de dos maneras: a través de aplicaciones aisladas tangibles, en su mayoría relacionadas con los juegos y la socialización, y a través de la correlación progresiva entre el sistema económico del Metaverso y las organizaciones, dado que cada vez más procesos de negocio y decisiones de gestión se trasladarán a espacios virtuales.

Además, para mejorar la funcionalidad, la accesibilidad y los modelos de gobernanza de los entornos sociales 3D multiusuario y multiplataforma, la columna vertebral del Metaverso, será fundamental facilitar oportunidades de desarrollo profesional continuado en todos los niveles de educación (Mystakidis *et al.*, 2021a) para que el aprendizaje en el Metaverso sea realmente profundo y significativo (Mystakidis *et al.*, 2021b). Según el esquema de Gartner (figura 10.2), apenas estamos asistiendo al primer Metaverso emergente y la hoja de ruta hasta que disfrutemos de un Metaverso maduro implica un proceso que puede durar casi una década.

Todo smart

Nos estamos acostumbrando a que el adjetivo *smart* («inteligente») se aplique a muchas cosas, tecnológicas y no tecnológicas. Por lo general, nos referimos a un *smart*-«algo» cuando en ese elemento se inserta alguna lógica digital avanzada con capacidad de computación. Por ejemplo, un *smartwatch* o una *smart-TV* pueden mostrar aplicaciones y conectarse a Internet; un *smart*

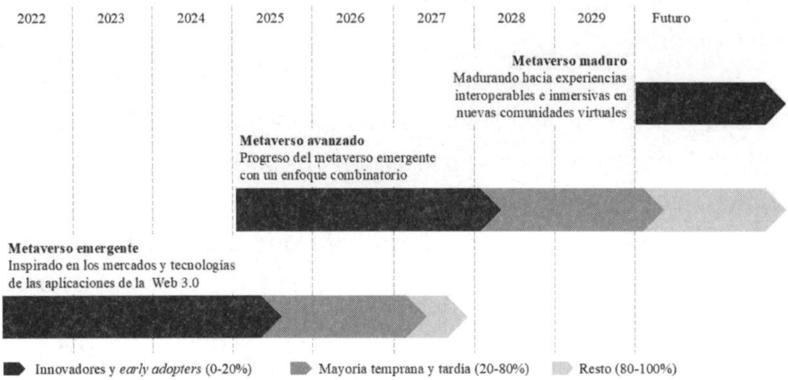

Figura 10.2. Evolución de Gartner prevista para el Metaverso.

meter es un contador que puede leer de manera autónoma el consumo de gas o electricidad en casa y enviarlo al proveedor de servicios mediante Internet de forma inalámbrica, etcétera. El Metaverso se apoyará en las cosas *smart* para convertirse en tiempo récord en el escenario predominante para la interacción humana.

Por ejemplo, los *smart contracts* vistos en el capítulo 9 se basan en Blockchain y tienen las características de ejecución automática y no manipulación, que pueden proporcionar una solución inteligente y eficiente para la gestión en el Metaverso. Mediante *smart contracts,* los sistemas de gestión, los modos, las reglas y los diseños de mecanismos de incentivos se almacenan en una blockchain. Cuando se cumplan las condiciones de ejecución de estos *smart contracts,* se ejecutarán automáticamente sin intervención manual, lo que mejorará enormemente la rapidez de las acciones, la automatización y el nivel de inteligencia de la gestión en sí. Por lo tanto, el uso de *smart contracts* proporcionará mecanismos de toma de decisiones para el mundo real a través de la interacción virtual-real, en virtud de un bucle cerrado de realimentación. De esta manera, la información fluirá entre el Metaverso y la realidad física para extender el uso de *smart contracts* a muchas cosas que hoy están limitadas porque no proporcionan información digitalizada que pueda gestionarse en un espacio virtual.

En este punto, otro objeto *smart* se vuelve imprescindible: los *smart sensors*. Son sensores normales (de ruido, luz, velocidad, presión, etcétera) equipados con circuitos electrónicos autónomos que les permiten introducir sus mediciones directamente en bases de datos o aplicaciones para que estén disponibles al instante y sin ninguna complejidad. Los *smart sensors* se están implantando de manera masiva y tendrán un profundo impacto en la adopción del Metaverso. A medida que más mediciones físicas se digitalicen y carguen en el mundo digital, será posible desarrollar más aplicaciones en el Metaverso, incluyendo más *smart contracts* cuyas condiciones se basen en esas mediciones digitalizadas.

RV social

RV social es el nombre que se da a la futura evolución de las redes sociales. Se espera que las redes sociales evolucionen para funcionar en el Metaverso, permitiendo a los usuarios interactuar entre sí como avatares en el mundo virtual, comunicándose y colaborando como si estuvieran en el mundo físico. La empresa propietaria de redes sociales más grande, Meta (que posee Facebook, Instagram, WhatsApp y Threads, entre otras), ya ha creado su propio metaverso para comenzar a experimentar e implementar nuevas funciones allí, aunque ninguna de sus redes sociales comerciales está operativa en él de momento. Si bien esto podría llevar algún tiempo, ya hay algunas plataformas sociales de RV disponibles, aunque la mayoría de las iniciativas que se lanzaron a finales de la década pasada sucumbieron a la falta de dispositivos de RV a precios asequibles, como le ocurrió a AltspaceVR (adquirida por Microsoft y después abandonada), a Mozilla Hubs e incluso a Bigscreen, empresa que ha pasado a desarrollar gafas de RV (www.bigscreenvr.com) y ha abandonado su aplicación social. De las que quedan activas, las más populares son las siguientes, aunque, lógicamente, el mercado no se reactivará hasta que alguna de las principales redes sociales actuales decida implementar funcionalidades de RV:

- VRChat (hello.vrchat.com). Esta plataforma permite a los usuarios interactuar con avatares 3D y mundos virtuales creados por el usuario. VRChat está diseñada para usarse principalmente con gafas de RV, pero también puede usarse sin RV en un modo de «escritorio» diseñado para teclado y ratón o un mando de videojuegos. La plataforma se puede utilizar para socializar o desarrollar juegos e incluso actuaciones musicales o de danza.

- Cluster (cluster.mu). Utilizado principalmente en Japón, con la estética del cómic manga, Cluster es una plataforma social que se basa en reunir a los jugadores en espacios virtuales, llamados «mundos virtuales». Estos espacios pueden ser creados por Cluster o por otros jugadores y son gratuitos y abiertos a la exploración. Desde mundos estéticamente bellos hasta mundos de juego llenos de actividades, hay muchas opciones para elegir.

Aplicaciones para el Metaverso

Cada vez más, los desarrolladores crearán catálogos de aplicaciones que funcionen en el Metaverso. Mientras tanto, ya tenemos un amplio conjunto de aplicaciones que utilizan la RV o la RA. Se puede encontrar una buena lista en la wiki abierta XinReality (xinreality.com). Sin embargo, hay que tener presente que muchas aplicaciones incluyen el término «metaverso» como reclamo de marketing, pero no tienen nada que ver con el Metaverso. Después de que Facebook fuera rebautizada como Meta en octubre de 2021, el número de aplicaciones que hacen referencia al Metaverso aumentó a 552 en menos de un trimestre, según Sensor Tower.

Es cierto que muchas aplicaciones del Metaverso serán de juegos, como ya se apuntó en el capítulo 2. Pero, como se vio en el capítulo 12, se espera que haya otras categorías. Según lo que uno haga en su vida diaria, será más probable que entre en el Metaverso con una herramienta de colaboración o una aplicación de entretenimiento, por ejemplo. Lo cierto es que, a medida que las tecnologías de computación espacial y la potencia de cálculo (CPU/GPU) evolucionen, una proporción creciente del actual catálogo de aplicaciones para teléfonos móviles u ordenadores personales creará sus versiones futuras para el Metaverso. De hecho, ya hay dos grandes tiendas de aplicaciones de RV (Oculus, de Meta, y Viveport, de HTC). Aunque se trata de tiendas de aplicaciones vinculadas exclusivamente a los dispositivos proporcionados por sus respectivos fabricantes, posiblemente sea el primer paso hacia verdaderos repositorios para el Metaverso.

Se puede vislumbrar una trayectoria paralela a partir de las aplicaciones para móviles actuales, que se encuentran principalmente en la Apple Store y en Google Play. Es muy probable que, en cuanto haya más dispositivos de RV y *wearables* que puedan conectarse a teléfonos móviles e interactuar con sus aplicaciones, estas tiendas modifiquen su funcionamiento actual. Muchas aplicaciones de deportes, creatividad, atención médica, formación, etcétera, deberán clasificarse, de alguna manera, como aplicaciones inmersivas del Metaverso. Sin embargo, la convergencia entre los distintos dispositivos de acceso, como gafas de realidad virtual y teléfonos móviles u ordenadores, estará demasiado lejana, por lo que cabe pensar que en el futuro cercano tendremos cada vez más tiendas de aplicaciones y más segmentación tecnológica.

El camino natural para la adopción del Metaverso

Acabamos de ver que no se espera que el Metaverso evolucione paulatinamente de un punto A a un punto B. En vez de eso, hay muchos «puntos A» (gafas de RV, teléfonos móviles, ordenadores...) y aún más «puntos B» (tiendas de aplicaciones existentes y nuevas, aplicaciones web...). En consecuencia, el camino natural hacia la adopción del Metaverso seguramente consistirá en una intensa rivalidad entre los grandes actores (como Meta, Microsoft y Apple) y los nuevos entrantes. En menos de una década, la mayoría de las aplicaciones y tecnologías que hoy nos parecen iniciativas prometedoras del Metaverso ya no existirán. Otras convergerán y se harán compatibles. Y otras tecnologías y estándares que formarán el verdadero Metaverso ni siquiera existen todavía.

Sin embargo, una muy buena noticia sobre el Metaverso es que el objetivo de su desarrollo es claro: el Metaverso sucederá a la Internet simple que utilizamos hoy. Por supuesto, Internet seguirá existiendo, como sigue existiendo el papel aunque tengamos vídeo digital, pero el Metaverso se convertirá en algo común para muchas actividades diarias y aplicaciones comerciales. El umbral para esa adopción generalizada probablemente estará marcado por la adopción masiva de gafas de RV o RA que sean ligeras y económicas. A partir de ahí, la oportunidad de mercado que se abrirá a causa de millones de usuarios potenciales conllevará cada vez más aplicaciones.

Resumen

En este capítulo se han tratado las siguientes ideas:

- Las tecnologías habilitadoras del Metaverso (IA, RV, IoT...) están evolucionando rápidamente y su adopción es cada vez más amplia. Esto hará que el Metaverso madure en combinación con ellas, con mayor o menor rapidez en función de las aplicaciones potenciales de cada tecnología del Metaverso.
- El sistema económico del Metaverso funcionará en paralelo con el sistema económico actual, con varios puntos de conexión. Inicialmente, estos puntos serán escasos, pero, con el tiempo, la interconexión será mucho más estrecha.

- La RV social es la evolución de las redes sociales con la adopción de mundos virtuales inmersivos y nuevas funciones y servicios.
- Esta conexión incrementada entre los usuarios y las máquinas (cada vez más sensores y más complejos en torno a nuestro cuerpo) impulsará el uso del Metaverso. Además de los juegos, que han sido el motor de la existencia del Metaverso, la RV social será esencial para su madurez.
- Habrá una trayectoria natural desde los actuales sitios web de Internet y las aplicaciones móviles hasta los espacios inmersivos del Metaverso. Ambos mundos coexistirán, pero la mayoría de las actividades para las que hoy recurrimos a Internet se trasladarán al Metaverso dentro de algunos años.

Capítulo 11
Posibilidades para los diferentes sectores en el Metaverso

Las primeras aplicaciones del Metaverso han sido dos. En el ámbito académico, la mayoría de los artículos publicados relacionados con el Metaverso han abordado temas educativos (por ejemplo, una experiencia de uso de metaversos para enseñar mecánica a estudiantes de Ingeniería [Díaz *et al.*, 2020] o un estudio de la percepción de estudiantes de secundaria sobre el uso del Metaverso en experiencias de aprendizaje de matemáticas con RA [Park *et al.*, 2021]). En el ámbito comercial, en cambio, la mayor parte de los progresos se han centrado en los videojuegos, la socialización y, hasta cierto punto, el arte. Pero el Metaverso abre inmensas posibilidades para otros sectores, como la cultura, el comercio minorista, la domótica e incluso el deporte, la psicología, el periodismo, la política y la religión, por mencionar unos cuantos.

Las tecnologías inmersivas subyacentes ofrecerán diferentes opciones respecto de cada aplicación potencial del Metaverso, de la siguiente manera:

- La computación espacial permite el control de equipos informáticos con gestos y habla naturales.
- Las interfaces cerebro-ordenador (BCI) permiten la comunicación con dispositivos informáticos exclusivamente a través de la actividad cerebral para controlar una extremidad sintética o permitir a personas con alguna restricción de movilidad operar ordenadores.

- La integración de criptomonedas basadas en blockchains (como Bitcoin) y de los NFT permite el despliegue de arquitecturas y transacciones innovadoras de la economía virtual.
- A una escala más amplia, se espera que las tecnologías relacionadas con el Metaverso se promuevan, expandan y amplifiquen aún más mediante tecnologías de crecimiento exponencial como las redes inalámbricas de banda ancha, la computación en la nube, la robótica, la inteligencia artificial y la impresión 3D.

Jon Radoff ofrece una buena descripción de la estructura del Metaverso en forma de siete capas (figura 11.1). La razón por la que se presenta este modelo aquí en vez de mostrarlo en el capítulo 5, donde se hablaba de la construcción del Metaverso, es porque las siete capas son muy útiles para explicar las aplicaciones potenciales para los diferentes actores en torno al Metaverso en este capítulo.

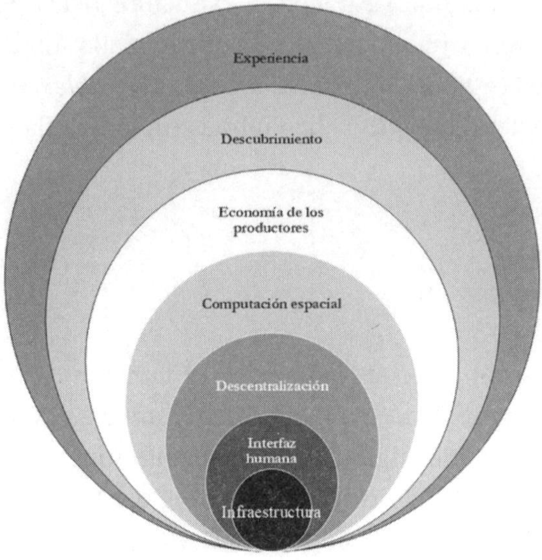

Figura 11.1. Las siete capas del Metaverso, según Jon Radoff.

A diferencia de los enfoques clásicos, como el estándar de interconexión de sistemas abiertos (OSI, acrónimo de *Open Systems Interconnection)* o la familia de protocolos de Internet, las capas de Radoff van del nivel más alto al más bajo. Por lo tanto, la primera capa tiene que ver con la experiencia del usuario y los contenidos que genera. La segunda, etiquetada como «descubrimiento», concierne al establecimiento de interacciones sociales por el usuario y las nuevas experiencias que le proporcionan los proveedores. La capa 3, etiquetada como «economía de los productores», se refiere al hecho de que, gracias a la tecnología Blockchain y otras herramientas habilitadoras, los usuarios podrán monetizar y vigilar sus contenidos en el Metaverso, manteniendo la trazabilidad y los derechos bajo control. Esta es la primera capa que está estrechamente ligada a tecnologías específicas. La siguiente, llamada «computación espacial», es donde funcionan todos los motores y soluciones de RV para desarrollar mundos y aplicaciones inmersivos en 3D, mientras que la quinta capa tiene que ver con la «descentralización», es decir, desarrollar algoritmos y protocolos que sustenten la estructura física general para que el Metaverso funcione. La capa 6, llamada «interfaz humana», incluye las gafas de realidad virtual, *wearables,* etcétera, y la última capa corresponde a la «infraestructura» (hardware) que sustenta todo.

Dos ejemplos populares

Si buscamos aplicaciones concretas, el fabricante de automóviles BMW ha empleado la plataforma Omniverse de Nvidia para construir un gemelo digital completamente funcional de una de sus fábricas con objeto de reducir costes operativos y aumentar la fiabilidad. Es de sobra conocido el alto nivel de personalización que ofrecen los fabricantes de automóviles, el cual solo es posible con la metodología *just in time:* se configura el coche deseado y después, a partir de esa configuración, se fabrica un coche desde cero en un proceso altamente robotizado. El problema de este enfoque es que, cuando se combina con los aspectos críticos de calidad exigidos en los vehículos, el tiempo de entrega *(lead time,* en inglés, es decir, el tiempo entre el envío del pedido a fábrica y la entrega del vehículo terminado) puede ser largo (meses). Esto obliga a una producción continuada (24 horas al día, 7 días a la semana) con muy poco margen para piezas defectuosas, si se busca un negocio rentable. Ambos aspectos son contradictorios: las máquinas normalmente requieren puestas a punto y reajustes periódicos para mantener baja la tasa de defectos, mientras que los ingenieros necesitan detener la línea de producción para llevar a cabo dichos ajustes. Con un gemelo digital, la fábrica real puede continuar funcionando las 24 horas del día, los 7 días de la semana, sin interrupciones, mientras que los ingenieros pueden simular y mejorar las configuraciones de manera correcta y fiable, sin presiones de tiempo.

En cuanto a la plataforma Omniverse, cabe mencionar que este metaverso utiliza un lenguaje abierto estándar llamado USD *(Universal Scene Description),* proporcionado por el famoso creador de películas de animación Pixar. Teniendo en cuenta que ambas empresas —Nvidia y Pixar— son líderes del mercado en sus respectivos campos, la promoción de un estándar abierto es una muy buena noticia para el despliegue del Metaverso.

Otro ejemplo de aplicación actual que funcionó a principios de la década como metaverso (aunque todavía no como red unificada) fue HoloVerse, un proyecto conjunto de varias empresas de telecomunicaciones (Deutsche Telekom, Telefónica, TIM, MobiledgeX y DoubleMe) a fin de probar la mejor infraestructura de red 5G para una implementación eficiente de servicios en el Metaverso. HoloVerse empleaba la solución de metaverso de DoubleMe, llamada TwinWorld, y la plataforma en la nube de MobiledgeX para permitir que los tres grandes operadores (DT, Telefónica y TIM) simularan y probaran el rendimiento de futuras aplicaciones del Metaverso en sus redes.

A continuación, revisemos algunas oportunidades comerciales interesantes en diferentes campos de aplicación.

Simulación

Primero, aclaremos qué es y qué no es una simulación. Según el *American English Dictionary,* una simulación es «un modelo de una actividad real, creado con fines de formación o para resolver un problema». Simulación no es lo mismo que emulación, que es «el proceso de copiar algo logrado por otros y tratar de hacerlo tan bien como ellos». En la simulación dentro del Metaverso, el objetivo se centra en crear un modelo digital para adiestrar o resolver un problema, mientras que la mera emulación consiste en crear un modelo lo más fiel posible al original.

Las simulaciones que representan tareas del mundo real con fines educativos o para resolver ciertos problemas son una aplicación universal en el Metaverso, dada su enorme capacidad para replicar la realidad física. De hecho, ya tenemos muy buenos ejemplos de simulaciones en el Metaverso, como el simulador de vuelo de Microsoft, que se usa no solo para juegos, sino también con fines de formación de pilotos profesionales.

El ejemplo antes mencionado de BMW, que utiliza la plataforma Omniverse para simular sus plantas de fabricación, es otro caso notorio en esta categoría. De hecho, la simulación en el Metaverso se basa en gran medida en el concepto de gemelo digital, que se tratará en el capítulo 16 como una de las tecnologías relacionadas con el Metaverso que se deberían seguir de cerca durante los próximos años.

Videojuegos

Los videojuegos son la aplicación más común para la popularización del Metaverso. Dada la experiencia inmersiva que este proporciona, potencialmente adictiva, como veremos en el capítulo 15, la industria de los videojuegos adoptó el Metaverso desde el principio, como ya se vio en el capítulo 2. Además de como mero entretenimiento, hay una tendencia reciente a recurrir a los videojuegos para abordar tareas difíciles de cualquier tipo, con objeto de simplificarlas o animar a las personas responsables a ejecutarlas con menos fatiga o más productividad. Esta técnica de emplear juegos para fines distintos del entretenimiento se llama «gamificación» *(gamification,* en inglés).

La gamificación se utiliza ampliamente hoy en día en campañas de marketing, porque se ha demostrado que es una muy buena manera de atraer mejor al público objetivo que otros métodos, como la publicidad. Ya sea con fines de marketing o para tareas relacionadas con el trabajo, el Metaverso abre una enorme puerta a la gamificación. Dado que los pagos y la información personal se utilizarán ampliamente en el Metaverso, surgirán muchas aplicaciones nuevas para la gamificación. Además, se espera que el Metaverso se convierta en una de nuestras principales «actividades» diarias en cuanto a dedicación de tiempo. Por lo tanto, las agencias de marketing, las empresas, los medios de comunicación y todas las organizaciones en general seguramente pondrán el foco antes o después sobre este nuevo canal de comunicación y persuasión.

Pero los juegos tendrán muchas más aplicaciones potenciales de las que podemos imaginar ahora. Por ejemplo, existe una propuesta de sistema de realidad virtual para ejercicios de neurorrehabilitación conocido como INREX-VR (Stanica *et al.,* 2020). El sistema captura los movimientos del usuario en tiempo real en un entorno ludificado y ejecuta movimientos complejos para fomentar la superación personal y la competencia para mejorar la calidad de vida del paciente.

Puesto de trabajo

Otras aplicaciones actuales que evolucionarán de manera natural hacia el Metaverso tienen que ver con el puesto de trabajo, más concretamente las reuniones virtuales o videoconferencias. El impulso dado al trabajo remoto en los últimos años, sobre todo durante la pandemia de covid-19, ha hecho llegar a muchos hogares y oficinas un gran número de soluciones de videoconferencia, como Zoom, Microsoft Teams, Google Meet, GoToMeeting, Skype, Webex y muchas más. Pero estas herramientas solo proporcionan una vista de todos los participantes sobre una pantalla y un sonido plano. Están lejos de ser inmersivas, lo que no solo ha demostrado que provoca fatiga, sino que también limita el número de aplicaciones y tareas potenciales de las personas que trabajan en remoto. El Metaverso podría transformar radicalmente la experiencia de conocer gente en entornos de negocios. Para resolver la falta de sensación espacial en las conferencias online, el Metaverso puede proporcionar no solo reuniones en salas virtuales 3D mucho más realistas, sino también audio espacial, de modo que uno pueda enfocar el oído en la dirección de la persona que está hablando, con lo que el ruido proveniente de otros participantes no resultará tan molesto como en las videoconferencias simples actuales.

Algunas empresas están intentando replicar la interacción física en la oficina mediante una representación 2D de una oficina virtual donde los empleados pueden interactuar. Algunos ejemplos son Teamflow (www.teamflowhq.com) y Gather (www.gather.town), mostrados en la figura 11.2. También utilizan tecnología de audio espacial para proporcionar sonidos de voz y pasos según la

Figura 11.2. Capturas de pantalla de TeamflowHQ (izquierda) y GatherTown (derecha).

distancia, con objeto de que la experiencia interactiva sea más realista. Pero estas herramientas, cuya aplicabilidad para resolver tareas comerciales puede considerarse todavía algo limitada, están lejos de popularizarse. Todavía queda mucho por hacer en el Metaverso para ofrecer aplicaciones realmente valiosas para el puesto de trabajo.

Socialización

Como evolución de Second Life, el antiguo juego donde la socialización era crucial para tener éxito, se espera que el Metaverso impulse la relevancia de las tecnologías digitales en la interacción social. Cuando las personas interactúen en el Metaverso en lugar de hacerlo en la realidad física, no solo se romperán las barreras geográficas (como ya ocurre hoy con las redes sociales), sino que el nivel de interacción se podrá ajustar a la voluntad del usuario. Por un lado, un usuario podrá mantener su privacidad en el punto deseado, por ejemplo, no revelando su nombre, teléfono o dirección real. Por otro lado, podrá favorecer un entorno más distendido que dé lugar a fantasías inaceptables en el mundo físico. Hasta cierto punto, esto ya sucede hoy con las redes sociales, pero el Metaverso proporcionará tal nivel de inmersión y atractivo para nuestros sentidos que algunas personas incluso sentirán que sus vidas en el Metaverso son más reales que las físicas.

Además de esto, se espera que el Metaverso suscite algunos cambios sociales. Por ejemplo, dado que los avatares pueden cambiar de color de piel y de género según se desee, tienen la ventaja de reducir las ideas preconcebidas sobre la discriminación social en las conversaciones. Esto ya ha sido demostrado recientemente por algunos autores en estudios científicos.

Cultura

Otra aportación importante que puede proporcionar el Metaverso tiene que ver con la vida cultural (por ejemplo, museos y espectáculos). El Metaverso puede mejorar el turismo digital y las exposiciones digitales. El desarrollo de la tecnología de gemelos digitales (que se explica en el capítulo 16) y de la tecnología interactiva permitirá a los usuarios superar las limitaciones de tiempo, espacio y otros factores, visitar libremente lugares pintorescos de todo el mundo y obtener una experiencia inmersiva. El número de aplicaciones inmersivas en este ámbito está aumentando gradualmente. Ahora ya es posible visitar virtualmente algunos de los museos más importantes (como el Louvre de París) o asistir a algunos conciertos y eventos desde casa. Sin embargo, aunque las limitaciones de aforo y tiempo de una sala de conciertos se solucionan trasladándola al Metaverso, todavía faltan texturas y detalles, lo que hace que la experiencia sea mucho más pobre que la asistencia física. Esto seguramente evolucionará a medida que se desarrollen más soluciones y más usuarios demanden este tipo de eventos y experiencias.

Por último, como nueva forma de sociedad, el Metaverso dará lugar a nuevas formas culturales y métodos de creación cultural. El desarrollo de la tecnología interactiva y la mejora adicional de la inmersión pueden promover eficazmente el desarrollo de ídolos y conciertos puramente virtuales. Podría suceder que algunos de estos ídolos (cantantes, bailarines, artistas y demás) no solo no llegaran a ser conocidos fuera del espacio virtual del Metaverso, sino que ni siquiera existieran en el mundo real (que fueran una creación de la IA sin referente en el mundo físico).

Planificación de eventos

La realidad virtual revolucionará la organización de eventos. Los eventos pueden ser de cualquier tipo, desde conciertos hasta seminarios. La ventaja de la proliferación de la planificación de eventos en el Metaverso es que podrían utilizar un generador de RV que ya estuviera disponible para la socialización, o incluso los videojuegos, para organizar fiestas privadas, seminarios o conciertos. Incluso la realidad aumentada, donde los usuarios todavía se reúnen físicamente, si bien aparece información añadida sobre ciertos objetos, circunstancias o interacciones, podría ser el futuro cercano de la planificación de eventos en el Metaverso.

Marketing

Es obvio que donde hay negocio hay marketing. En el Metaverso podemos encontrar dos enfoques de marketing: el de las empresas que se sirven de experiencias del Metaverso para hacer que la gente compre sus productos físicos y el del Metaverso puro, donde las marcas utilizan técnicas de marketing para hacer que la gente compre o use sus productos dentro del Metaverso.

La actividad económica es importante en el Metaverso, ya que contribuye a crear un ecosistema a su alrededor. No vamos a sumergirnos en todas las oportunidades que ofrece el Metaverso para el marketing, pues se necesitarían decenas de páginas para describirlas todas. Basta con pensar en la transformación que experimentó el marketing tras la adopción de las redes sociales y extrapolar eso a la experiencia inmersiva que ofrece el Metaverso.

Formación

Cuando se habla de formación, la que se basa en recursos audiovisuales es una aplicación importante del Metaverso, con un alto potencial de popularización. La formación experiencial es importante, porque lo que se aprende por escrito y lo que proporciona la experiencia directa son cosas diferentes. Por ejemplo, la radiación es difícil de experimentar, lo que puede llevar a la preconcepción de que es peligrosa sin más. Es posible evaluar los efectos educativos positivos de analizar y experimentar la radiactividad de manera técnica y científica en el Metaverso. Está demostrado que el Metaverso proporciona una mejor actitud de aprendizaje, mayor disfrute y mejor rendimiento en comparación con el simple uso de presentaciones en vídeo y libros de texto al uso.

Además, el Metaverso contribuirá al desarrollo de laboratorios remotos o virtuales. Hay algunas iniciativas, en su mayoría patrocinadas por universidades y centros de investigación, para construir laboratorios remotos que podrían ser explotados no solo por estudiantes de esas universidades de manera más eficiente, sino también por estudiantes de otras universidades. El uso de laboratorios remotos (altamente robotizados, para que un estudiante pueda usar equipos y piezas de manera remota y verlo todo a través de una interfaz digital, a menudo equipada con una cámara para ver el experimento en tiempo real) podría convertirse en una experiencia mucho más inmersiva con la implantación del Metaverso. Sin embargo, el mayor potencial es la posibilidad de desarrollar laboratorios totalmente virtuales en el Metaverso, con un coste enormemente reducido, lo que permitiría que muchos más estudiantes tuvieran acceso a prácticas que de otro modo serían imposibles de costear y reduciendo el riesgo de ciertos experimentos de laboratorio.

No obstante, servirse del Metaverso con fines educativos todavía exige mucho esfuerzo. En primer lugar, aún no están claras las ventajas y desventajas de un entorno virtual multiusuario para la educación, pero, además, como ya se ha visto, el Metaverso requiere acceder a dispositivos y contenidos que aún no están disponibles para la mayoría de los ámbitos educativos. Por último, los profesores deberán aprender a enseñar valiéndose del Metaverso a corto plazo y probablemente dentro del Metaverso en el futuro. Si bien se han abordado algunas experiencias sobre la aplicación del Metaverso a la educación, como el uso del Metaverso en el aprendizaje basado en problemas (ABP), o para el entrenamiento seguro de niños en campo abierto con el sensor de realidad virtual Kinect y el motor de entornos 3D Unity, todo está todavía en fase experimental y la oportunidad de mercado para la formación aún está en sus inicios.

Otras oportunidades

Hemos visto algunas de las oportunidades más impactantes ligadas al Metaverso. Sin embargo, como industria en transformación, el Metaverso afectará a muchos otros sectores y actividades. Por ejemplo, como mundo virtual paralelo a la realidad, el Metaverso utilizará la tecnología de gemelos digitales para avanzar en el desarrollo de ciudades inteligentes. Esta tecnología puede cartografiar digitalmente el mundo físico, capturar completamente datos urbanos como personas, vehículos, objetos y espacios, y crear una ciudad gemela digital visible, controlable y gestionable. Esto permitirá mejorar la eficiencia en el uso de los recursos, optimizar la gestión de los servicios urbanos y mejorar la calidad de vida de los ciudadanos.

Otro ejemplo lo tenemos en el campo de la psicología, donde el Metaverso puede ayudar con la psicoterapia. Podrá contribuir a la construcción de entornos virtuales relajantes y también a la comunicación e interacción con personajes virtuales.

El mundo está empezando a dar la bienvenida al Metaverso de muchas formas. Es cuestión de tiempo e imaginación que surjan nuevas aplicaciones y servicios en todas partes.

Resumen

En este capítulo se han mostrado las siguientes ideas en torno a posibles oportunidades que traerá el Metaverso:

- Las siete capas del Metaverso, propuestas por Jon Radoff, explican cómo se construirá el Metaverso, desde el soporte físico requerido hasta la capa experiencial más alta.
- El Metaverso puede ser útil para la simulación, dado que puede reproducir la realidad física con alta fidelidad.
- Hemos visto cómo los videojuegos están fomentando el desarrollo de nuevas tecnologías de RV y de interacción hombre-máquina.
- En cuanto al puesto de trabajo, se han comentado algunas iniciativas que emulan la oficina física en el Metaverso utilizando audio espacial y movimiento dinámico de avatares en una oficina virtual.
- Se han mostrado los posibles beneficios del Metaverso para la socialización, especialmente para combatir la discriminación social y controlar la privacidad.

- En el ámbito cultural y el turismo, el Metaverso puede transformar completamente la experiencia de viajar y visitar lugares turísticos o remotos (física o virtualmente o mediante una combinación de ambas maneras). Además, nuevas formas de arte y cultura surgirán del propio Metaverso.
- Los eventos (eventos corporativos, conciertos, seminarios...) también se transformarán, principalmente mediante la incorporación de la RV y la RA.
- Se necesitará una experiencia de marketing completamente nueva para el Metaverso, ya que, aunque algunos métodos y técnicas actuales seguirán siendo válidos, muchos otros requerirán una revisión profunda.

Capítulo 12
Qué hay dentro del Metaverso

El Metaverso es un ecosistema emergente que se espera que crezca espectacularmente en los próximos años. Sin embargo, actualmente podemos encontrar ya disponibles algunas soluciones. Aunque la mayoría de ellas tiene que ver con los videojuegos, también podemos encontrar algunas aplicaciones alternativas interesantes. En este capítulo se ha elegido solo un grupo diversificado para ilustrar el estado actual de madurez del Metaverso.

Decentraland, un nuevo metaverso socializador

Enmarcada entre los primeros intentos de construir un metaverso, Decentraland es una plataforma de videojuegos o socialización donde la experiencia del usuario es comparable a la de Second Life o Minecraft, ya descritos en el capítulo 2. Lo interesante de Decentraland es que hace uso de los NFT y los *smart contracts*. Decentraland cuenta con el respaldo de la blockchain Ethereum y hace un uso extensivo de la realidad virtual. La figura 12.1 es una muestra de cómo se ve el espacio virtual de Decentraland.

Figura 12.1. Una escena del metaverso de Decentraland.

Horizon Home (de Meta)

Horizon Home (figura 12.2) comenzó con muy pocas funciones en el último trimestre de 2021: la posibilidad de invitar a otros avatares a nuestro hogar virtual para charlar y ver algunos vídeos. Sin embargo, es una forma interactiva de socializar con amigos en línea y se esperan más funciones a medida que los desarrolladores de software agreguen más aplicaciones. Meta quiere ofrecer a los usuarios entornos virtuales totalmente personalizados y las funciones añadidas irán en esa dirección. Esta aplicación dio un gran salto cuando Meta decidió que fuera lo primero que aparece cuando alguien se pone las gafas de RV Meta Quest para, de ahí, saltar al resto de las aplicaciones.

Aunque Horizon Home parecía inicialmente dirigido al entretenimiento, Meta ha querido apuntar también al puesto de tra-

Figura 12.2. Aspecto de la solución Meta Horizon Home.

bajo. Por ejemplo, la multitarea mediante el uso de aplicaciones tradicionales (2D) es ya compatible con las gafas Meta Quest, que va mostrando la ventana de cada aplicación en el espacio tridimensional alrededor del usuario, como si fueran distintas pantallas flotando en el aire. Esta característica puede evolucionar con el tiempo, hasta llegar a verdaderas aplicaciones 3D. La empresa planea agregar más aplicaciones en el futuro, incluyendo herramientas esenciales para el trabajo remoto. La integración de las aplicaciones de las gafas Meta Quest en el espacio Horizon Home ha representado un gran salto hacia la adopción generalizada del Metaverso.

Bloktopia, un metaverso dentro de un edificio

Bloktopia es un metaverso en un rascacielos virtual de 21 pisos de altura. Este número es un homenaje al bitcoin, que tiene un límite máximo de 21 millones de unidades. Los usuarios de Bloktopia pueden hacer prácticamente todo lo que se espera de un metaverso: pueden crear y personalizar avatares, aprender a manejar las criptomonedas, asistir a actividades sociales, comprar y vender parte del espacio del edificio virtual, anunciar sus productos y otras cosas. Lo interesante de Bloktopia es su herramienta de creación. Los residentes de este rascacielos virtual pueden crear elementos de juego, como obstáculos y obras de arte, dentro del espacio virtual, y ganar dinero mostrándolos a otros.

A diferencia de muchos otros, Bloktopia utiliza la blockchain de Polygon. Algunos usuarios prefieren esta blockchain a otras más conocidas como Ethereum, porque les parece más rápida y económica.

The Sandbox, una semilla para el verdadero Metaverso

The Sandbox es una de las experiencias de metaverso más convincentes que la tecnología actual puede ofrecer. El entorno virtual utiliza la blockchain Ethereum, que es una de las más reputadas y de mayor fiabilidad disponibles en este momento. Además, Ethereum puede utilizarse para crear bienes digitales, que es de lo que se trata en el metaverso Sandbox.

El aspecto descentralizado de Sandbox es otra característica interesante. La gobernanza descentralizada de Sandbox, la economía basada en NFT y los tokens en juego ilustran bastante bien cómo operarán las regulaciones y la gestión de la comunidad en el Metaverso. En cuanto a la interacción del usuario, Sandbox es muy similar a Decentraland. En Sandbox, los jugadores pueden comprar parcelas digitales y luego compartir sus experiencias en ellas con otros jugadores. La combinación de descentralización, compromiso social y juego proporciona el entorno perfecto para un metaverso divertido y lucrativo.

Meta Hero, un notario en el Metaverso

La lógica que hay detrás del metaverso creado por Meta Hero es única y curiosa. La empresa ha tenido una gran visión para explotar el Metaverso. El objetivo básico de Meta Hero es alojar un banco de NFT. Supongamos que tenemos algunos NFT y queremos prestarlos a usuarios de otros metaversos como Sandbox o Decentraland. Todo lo que debemos hacer es entrar en Everdome, un lugar virtual dentro de Meta Hero, equipado con cámaras virtuales que capturan imágenes de cualquier cosa que esté dentro, ya sea un individuo o un objeto. Nuestro producto virtual (un objeto 3D creado o escaneado, una pintura, etcétera) puede luego convertirse en un NFT y alquilarse a usuarios de otros metaversos en los que queramos operar.

Enjin, una herramienta para desarrolladores de elementos virtuales

El programa Enjin permite a los desarrolladores crear y gestionar elementos virtuales vinculados a la blockchain Ethereum. Lo genuino de Enjin es el uso de la tecnología Blockchain para administrar elementos en un videojuego en relación con muchas propiedades distintas. Además, Enjin tiene la intención de reducir las altas tarifas asociadas con las transacciones digitales en algunas blockchains populares.

Otro aspecto de Enjin que lo diferencia del resto es su rendimiento en cuestiones de fraude. Enjin ha lanzado kits de desarrollo de software que permiten a los usuarios crear elementos digitales en la blockchain Ethereum e integrarlos en videojuegos y aplicaciones. La idea es garantizar que cada elemento se personalice para adaptarse a la plataforma deseada y se registre como un *smart contract*. De esta manera, la velocidad, el bajo coste y la seguridad están presentes a la hora de utilizar criptomonedas.

Star Atlas, *una experiencia intergaláctica inmersiva*

Star Atlas es otro videojuego desarrollado como un metaverso que utiliza la blockchain Solana para hacer transacciones. El juego está construido con el motor de diseño de juegos 3D Unreal, que permite crear juegos muy realistas. El objetivo del juego es la exploración espacial. Para ello uno puede alinearse con una facción, crear civilizaciones y, por supuesto, establecer economías intergalácticas. La economía está respaldada por el token ATLAS del juego, así como por el token POLIS, necesario para manipular las opciones del juego relacionadas con las criptomonedas.

Aunque este videojuego no tiene nada de especial (aunque sí de espacial...), es ilustrativo porque quizás sea la mejor combinación de tecnología Blockchain, controlando parámetros económicos mediante tokens dentro de un juego, y gráficos inmersivos realistas.

Resumen

Este capítulo ha ofrecido una descripción general de lo que ya existe en relación con el Metaverso, que se resume de la siguiente manera:

- Decentraland es un espacio virtual emergente para jugar o socializar. Algunas empresas relevantes están siguiendo de cerca cómo evoluciona.
- La propuesta de Meta para el Metaverso, Horizon Home, se lanzó con aplicaciones muy limitadas y en su mayoría

experimentales, pero, dado que Meta adquirió la empresa de gafas de RV Quest, ahora es el entorno que aparece por defecto al ponernos las gafas y todas las aplicaciones parten de él.

- Bloktopia es un metaverso en forma de edificio virtual. Es un experimento muy interesante sobre cómo reacciona la gente ante la compra de propiedades virtuales, entre otras cosas.
- The Sandbox es similar a Decentraland. Es otra solución interesante que tener en cuenta, especialmente hasta que alcancemos un ecosistema más estable y concentrado de tecnologías finalistas.
- Meta Hero es un banco de NFT que facilita transacciones transparentes. Es otro experimento interesante para investigar.
- Enjin está dirigido a desarrolladores de software para el Metaverso. Está destinado a ser el Github del Metaverso, con funciones ampliadas.
- *Star Atlas* es probablemente la mejor combinación de tecnología Blockchain para tokens de juego que controlan parámetros económicos y gráficos realistas e inmersivos.

Capítulo 13
¿Es seguro el Metaverso?

Se espera que el Metaverso se convierta en una actividad central de nuestra vida diaria. Es una prioridad absoluta asegurarse de que sea lo bastante seguro para albergar información crítica y privada, así como la mayoría de los procesos y tareas troncales que conformen la sociedad virtual. Aunque las aplicaciones comerciales que pueden considerarse el comienzo del Metaverso, como las plataformas sociales de RV, emplean protocolos de comunicación seguros para proteger los datos transmitidos, el Metaverso aún puede generar muchos problemas de seguridad, como la información de identificación de los usuarios. Dado que muchas aplicaciones del Metaverso requerirán que los usuarios accedan mediante gafas de realidad virtual, a menudo tendrán que identificarse con información biométrica, lo que podría ser objetivo de ataques de seguridad (Mathis *et al.,* 2021). Los gemelos digitales del Metaverso, de los que hablaremos en el capítulo 16, también necesitan protección. Habrá muchos modelos complejos de aprendizaje automático para sustentar estos gemelos digitales, que a su vez influirán en los objetos del mundo físico. Si estos modelos fueran atacados, habría efectos impredecibles en el mundo físico. Además, los dispositivos y *wearables* que se utilizarán para aportar datos o interactuar con aplicaciones del Metaverso recopilarán continuamente información personal (como información biométrica o de comportamiento del usuario), lo que podría generar preocupación respecto a la privacidad.

En este capítulo se muestran los problemas asociados con la privacidad y la monitorización continua, y qué tipo de información sobre las personas que hacen uso del Metaverso pueden recopilar dispositivos como las gafas de realidad virtual o los *wearables,* así como los ataques y las fugas de datos que pueden sufrir las personas en el futuro Metaverso, incluyendo el *deepfake* y representaciones alternativas. Otro motivo de preocupación relacionado con la seguridad y fiabilidad del Metaverso tiene que ver con la confianza y la responsabilidad, que se analizarán a continuación. Finalmente, se mostrará cómo los diseñadores de servicios y los desarrolladores de software pueden aplicar algunos enfoques éticos en el Metaverso para resolver los problemas de privacidad identificados.

Privacidad en el Metaverso

Se pueden seguir los rastros digitales de los usuarios en el Metaverso para obtener su identidad real y otros datos confidenciales, como su ubicación, sus preferencias de compra e incluso sus registros financieros. Garantizar la privacidad es esencial para conformar el Metaverso social. La experiencia actual con las redes sociales nos dice que aplicar esquemas de preservación de la privacidad no es una tarea fácil, dada la enorme cantidad de datos almacenados y las interacciones que tienen lugar cada minuto. Cuando le sumamos una web espacial, que multiplica considerablemente las posibilidades de compartir datos y los tipos de datos compartidos, también se multiplica la complejidad de la preservación de la privacidad. Si, por ejemplo, un usuario navega por un centro comercial en el Metaverso y otro usuario le sigue y registra todas las cosas que compra y su recorrido por el centro comercial, esta información podría usarse para hacer ingeniería social con propósitos malévolos. Podemos decir que los seguidores de un usuario en las redes sociales apenas ven lo que hace ese usuario, mientras que un «seguidor» en el Metaverso podría recopilar casi la misma información, o incluso más, que un «seguidor auténtico» en el mundo físico. Todavía queda un largo camino hasta que sea posible impedir que una persona siga a un avatar en el Metaverso, como se puede hacer en las redes sociales actuales.

Otra cuestión relacionada con la privacidad es la necesidad de una regulación en el Metaverso que proteja la propiedad privada, los derechos humanos, la dignidad, etcétera, como en el mundo físico. Además, se necesitarán una «policía virtual» y un sistema legal (leyes) apropiado para garantizar una interacción social pacífica. Supongamos que es posible comprar o construir casas virtuales en el Metaverso, pero no existe ninguna norma que impida a otros usuarios entrar libremente en la casa de otra persona y ver o usar cualquiera de los activos virtuales allí presentes.

Como ocurre con todas las tecnologías emergentes, queda un largo camino para alcanzar la madurez de la privacidad en el Metaverso. Hay varias iniciativas en la literatura científica para aumentar la privacidad de los usuarios en el Metaverso, aunque todas parecen escasamente eficaces o impracticables. Un enfoque clásico, inspirado en el mundo real, consiste en disfrazar los avatares de los usuarios, cambiando periódicamente su apariencia. Algunas técnicas más innovadoras lo hacen invisible durante cierto tiempo o para ciertas acciones y también hay algo llamado «clon social». Se trata de crear múltiples clones de cada usuario en el Metaverso para confundir a posibles atacantes que intenten acechar a una persona. Una medida de privacidad de este tipo puede resolver el problema de la privacidad, pero crea otro aún mayor al obligar a los usuarios a tener múltiples representaciones en el Metaverso, sin contar los millones de clones que ya deambularán por el Metaverso, lo que no solo confundirá a los atacantes, sino que dificultará aún más la personalización del servicio.

Es más probable que los planes de privacidad en el Metaverso incluyan una combinación de diferentes esquemas, donde el usuario o el proveedor de servicios pueda habilitar una opción de privacidad particular para cada situación. Hay una propuesta interesante que combina varias técnicas de privacidad, como clon virtual, copia privada, maniquí, bloqueo de avatar, disfraz de avatar, teletransporte e invisibilidad, tal como se muestra en la tabla 13.1 (Falchuk *et al.,* 2018).

Esquema de privacidad	**Descripción**
Clonación de avatar	Crear múltiples avatares clónicos que parecen idénticos para confundir a los intrusos de la privacidad.
Disfraz	El usuario puede emplear múltiples avatares disfrazados.
Maniquí	Teletransportar al usuario a otra ubicación y reemplazar su avatar por un bot que imite su comportamiento, en caso de sospecha de acoso.
Invisibilidad	Permitir que el avatar se vuelva invisible temporalmente para evitar que sea seguido por intrusos o bots.
Teletransporte	Permitir al avatar teletransportarse instantáneamente a otra ubicación en el Metaverso.
Mundos privados	Crear copias temporales y privadas de una parte del Metaverso (por ejemplo, un parque) a las que solo pueda acceder un usuario e integrarlas en la estructura principal del Metaverso una vez finalizada la acción.
Bloqueo	Bloquear temporalmente ciertas partes del Metaverso para uso privado de algunos avatares.

Tabla 13.1. Esquemas de preservación de la privacidad en el Metaverso.

También hay sugerencias que no tienen sentido en el ámbito del Metaverso, como las que defienden que en el Metaverso debería aplicarse la jurisdicción del país del usuario, especialmente en lo que respecta a la privacidad y la interacción social. Tras constatar lo complejas que son las cuestiones relacionadas con los servicios de Internet para las jurisdicciones legales, y considerando que el Metaverso es un mundo virtual que no necesita tener correspondencia con el espacio físico, parece un disparate pensar de esta manera. A pesar de ello, es probable que veamos algunos intentos de los gobiernos en este sentido, al menos durante los comienzos del Metaverso.

En cualquier caso, es aconsejable aprender de experiencias pasadas en el espacio de Internet y evitar problemas similares en el Metaverso en el futuro. Es mejor abordar los posibles problemas de privacidad en una etapa temprana, cuando el ecosistema del Metaverso aún está tomando forma, que esperar al futuro, cuando el problema esté tan arraigado en el ecosistema que cualquier solución para abordar los problemas de privacidad requeriría un rediseño partiendo de cero. Es posible aprender del ejemplo de la tecnología publicitaria basada en *cookies* de terceros. El modelo de marketing dirigido aprovecha las *cookies* que llevan a cabo un seguimiento de los usuarios para proporcionar anuncios personalizados, pero no considera aspectos de privacidad. Después de que el Reglamento General de Protección de Datos (RGPD) en Europa impusiera la privacidad en cualquier servicio digital, el resultado ha sido un enorme esfuerzo para hacer que el sistema de *cookies* sobreviva y una experiencia molesta para el usuario cada vez que visita una página web.

Uno de los problemas de la privacidad es que ralentiza el desarrollo de los servicios digitales y la personalización. La mayoría de los servicios digitales actuales se basa en el análisis de los datos masivos *(big data)* provenientes de los usuarios mediante inteligencia artificial para extraer información valiosa sobre tendencias, hechos y comportamientos. Cuando la regulación de la privacidad se vuelve más restrictiva, los datos personales de los usuarios se mantienen más seguros, pero a expensas de una peor experiencia de servicio. De hecho, es frecuente que los usuarios muestren una postura dual en cuanto a la privacidad. Por un lado, la gente parece hacer caso omiso de los requisitos para acceder a nuevos servicios, sin reparar en sus implicaciones (por ejemplo, una aplicación de reserva de hotel solicita acceso al micrófono y la cámara del teléfono móvil y parece que no hay problema en general en aceptarlo e instalar la aplicación porque el valor del servicio prestado parece merecer la pena). Por otro lado, los usuarios muestran reacciones muy negativas cuando el uso percibido de los datos no es el esperado, sin importar si ese fue el propósito inicial declarado en el acuerdo de licencia del software o no (muy poca gente acostumbra a leerlo). Probablemente, uno de los ejemplos más famosos sea el escándalo de Facebook y Cambridge Analytica a raíz de la extracción por esta última de información de alto nivel de los datos brutos compartidos voluntariamente por los usuarios de Facebook. Por alguna extraña razón, este proyecto se hizo mediático y desencadenó una protesta pública, hasta el punto de que Facebook fue llamada a declarar por el Congreso de Estados Unidos y el Parlamento del Reino Unido y Cambridge Analytica quebró poco después.

Restringir la recopilación de datos en favor de la privacidad disminuiría en gran medida las innovaciones potenciales que el ecosistema del Metaverso podría posibilitar, pero lo cierto es que esta tarea podría ser sumamente difícil, dada la enorme cantidad de datos y tipos de datos compartidos en el Metaverso. Como en muchos otros temas que hemos visto, el Metaverso implica un incremento adicional de la complejidad que se aprecia actualmente en Internet.

Datos que deben protegerse y deepfake

Los dispositivos conectados a Internet, como los *wearables* (sensores y dispositivos pequeños que se llevan puestos, como un reloj inteligente, un sensor de presión arterial o un sensor de sudoración), permiten monitorizar y recopilar datos de los usuarios. Estos datos pueden procesarse para extraer información de múltiples maneras. En ocasiones, la información obtenida mediante algoritmos de análisis avanzados ni siquiera es conocida por los propios usuarios. Además, es posible que los usuarios ni siquiera sepan que se están registrando datos personales, como la ubicación GPS, la entrada o el movimiento en una tienda, o lo que se habla en casa. Los dispositivos digitales pueden recopilar diversos tipos de datos: información personal (como datos físicos, culturales o económicos), comportamiento de los usuarios (hábitos, preferencias) y comunicaciones (por ejemplo, metadatos relacionados con comunicaciones personales). En el caso de la realidad virtual —la herramienta principal para visualizar el Metaverso—, los nuevos enfoques para permitir entornos más inmersivos (como los hápticos, *wearables* para rastrear los movimientos de los portadores) pueden amenazar a los usuarios bajo nuevas formas.

El Metaverso puede verse como una copia digital de la realidad física, como pueden ser edificios, calles e individuos. Además, como ya se ha visto, también puede disponer cosas que no existen en la realidad física, como un concierto en directo de Frank Sinatra o una carrera de cuadrigas en un circo romano. El Metaverso puede percibirse como un microcosmos social donde los jugadores (individuos o incluso jugadores artificiales, modelados a partir del comportamiento observado en otros individuos) pueden exhibir un comportamiento social realista. En este ecosistema, las percepciones de privacidad y seguridad de los individuos pueden ser como las que atañen a los comportamientos reales.

La primera categoría de datos que pueden encontrarse en el Metaverso tiene que ver con personas que crean avatares utilizando información personal similar, como género, edad, color de piel, nombre y otros atributos. Además de la información declarada por los usuarios, para una experiencia verdaderamente inmersiva, el Metaverso adquiere datos directamente del mundo físico (como, por ejemplo, los movimientos de las manos de los usuarios y grabaciones de lugares en 3D). Esto se relaciona directamente con el uso de datos biométricos. Por ejemplo, algunos sensores conectados al cuerpo del usuario (como giróscopos para seguir los movimientos de la cabeza y las manos) pueden controlar un avatar de manera más realista. Como veremos en la sección siguiente, además de las habituales gafas de RV que ya hemos comentado, *wearables* como guantes y trajes especiales pueden permitir nuevos modos de interacción para proporcionar una experiencia más realista e inmersiva en el Metaverso. Estos dispositivos pueden permitir a los usuarios controlar su avatar mediante gestos y generar retroacción háptica para presentar interacciones más realistas. El objetivo de obtener dicha información biométrica es fusionar la realidad física con el mundo digital. Sin embargo, todos estos datos biométricos que pueden brindar experiencias más inmersivas también suponen nuevas amenazas a la privacidad de los usuarios. Se plantea, pues, la necesidad de proteger dicha información contra los posibles ataques.

Otro tipo de datos utilizados en el Metaverso que merece especial atención tiene que ver con los gemelos digitales. Se trata de objetos virtuales creados para representar objetos físicos. Estos objetos digitales no solo pretenden imitar la apariencia de sus homólogos físicos, sino también emular el rendimiento físico o el comportamiento de los objetos del mundo real. Los gemelos digitales posibilitarán que en el Metaverso haya clones de objetos y sistemas del mundo real.

Para proteger los gemelos digitales, el Metaverso debe garantizar que todo gemelo digital creado e implementado sea original.

En este sentido, para poder protegerlos, el Metaverso necesita un sistema de información basado en la confianza. Blockchain se ha propuesto como método potencial. Algunos autores proponen un sistema basado en Blockchain para almacenar datos de salud (como, por ejemplo, datos biométricos) en registros que los gemelos digitales puedan usar. Como ya se ha visto en el capítulo 9, la tecnología Blockchain puede habilitar nuevos mercados basados en los NFT. Esto permitirá a los propietarios de gemelos digitales venderlos como activos únicos a otros usuarios en el Metaverso.

Pero, además de todos los tipos de datos que puedan encontrarse en el Metaverso, el mayor reto probablemente viene planteado por lo que se conoce como *deepfake*. Se trata de una composición artificial en la que se representa a una persona de manera tan realista en un entorno dinámico (normalmente un vídeo o un espacio virtual 3D) que resulta prácticamente imposible distinguir la recreación digital de la persona real. La palabra es una combinación de los conceptos *deep learning* («aprendizaje profundo») y *fake* («falsificación»), porque la producción de estas falsificaciones involucra tecnologías de aprendizaje profundo. Teniendo en cuenta la importancia de los avatares y los espacios digitales en el Metaverso, los *deepfakes* abren una puerta a graves problemas de privacidad y confianza. Los usuarios pueden tener dificultades para diferenciar los sujetos y objetos virtuales auténticos de los *deepfakes* o representaciones alternativas fraudulentas. Incluso en su forma más leve, los estafadores pueden emplear esta técnica para crear una sensación de urgencia, miedo u otras emociones que lleven a los usuarios a revelar información personal. Por ejemplo, un estafador puede crear un avatar que se parezca al de un amigo de la víctima para extraer información personal de esta. Un enfoque más sofisticado es el uso de «patrones oscuros» *(dark patterns,* en inglés) para hacer que los usuarios tomen decisiones no deseadas o inconscientes. Los patrones oscuros se obtienen de la observación clandestina del comportamiento del usuario con objeto de llevarlo a una acción concreta. Por ejemplo, el estafador puede saber qué le gusta comprar a un usuario en el Metaverso y diseñar un producto *deepfake* para que este lo adquiera sin advertir que no es el original. Algunos patrones oscuros típicos se muestran en la tabla 13.2.

Patrón oscuro	**Descripción**
Continuidad forzada	Una oferta de prueba gratuita se pasa a un plan de pago sin avisar al usuario.
Despiste deliberado	La atención del usuario se dirige a la opción más cara, ocultando la solución más barata (o gratuita).
Cebo y cambio	Se usa una convención, patrón o ilusión para hacer que el usuario asuma algo falsamente.
Costes ocultos	A la hora de pagar aparecen costes añadidos inesperados.
Motel con cucarachas	La entrada (suscripción, registro) es fácil; la salida es muy difícil.
Precios oscurecidos	El esquema de precios hace muy difícil la comparación.
Anuncios disfrazados	Se hace pasar publicidad por otro tipo de contenido.
Chupado de privacidad	Se obliga al usuario a compartir más información privada de la requerida.
Hacking de crecimiento mediante *spam*	Se utiliza al usuario para promoción o difusión sin su conocimiento.
Colarse en la cesta	Aparece un artículo adicional aleatorio en la cesta del usuario al finalizar la compra.
Barricada	Una ventana emergente interrumpe la acción prevista por el usuario.
Desinformación	Se utilizan diferentes elementos atractivos (color, lenguaje, etcétera) para confundir al usuario.

Tabla 13.2. Patrones oscuros típicos que se emplean actualmente en algunos sitios web y aplicaciones.

Cualquier solución que aspire a ser ampliamente adoptada debe ser fiable. La confianza tiene que ver con los sentimientos y, de hecho, para que el Metaverso llegue a ser de uso común solo se necesita que los usuarios lo perciban como fiable, lo que depende sobre todo de la confianza percibida y de la responsabilidad en caso de consecuencias no deseadas. El problema es que aún hoy Internet carece de confianza. Noticias que se hacen circular sin contraste con los hechos, rumores, desinformación... Todo está sobre la mesa, fruto de la combinación de rapidez y gran cobertura que proporcionan las redes sociales. El Metaverso probablemente será mucho peor, por la multiplicación de canales, el mayor nivel de interacción con los usuarios y el crecimiento natural del universo digital con el tiempo. Así pues, uno de los principales retos del Metaverso será establecer un mecanismo de confianza verificable.

Además, la confianza es un asunto serio cuando se trata de personas mayores que no comprenden del todo o no se sienten cómodas con las tecnologías digitales. Y el Metaverso tiene el potencial de convertirse en el principal impulsor para resolver un problema social que afecta a este grupo: la soledad. Las personas mayores son más vulnerables a las estafas y los fraudes online. Por ello, al contar con un conjunto extenso de servicios del Metaverso dirigidos a ellos, resolver problemas de confianza en el Metaverso se convierte en una prioridad para este grupo.

En el lado positivo, en comparación con la Internet que conocemos hoy, el Metaverso tiene el poder de proporcionar consciencia situacional, es decir, la percepción de elementos y eventos del entorno respecto del tiempo o del espacio, la comprensión de su significado y la proyección de su estado futuro. Es algo que normalmente tenemos en el mundo físico. Es un concepto muy utilizado en el entrenamiento de vuelo, donde el piloto necesita comprender lo mejor posible lo que sucede dentro y fuera del avión. La naturaleza inmersiva del Metaverso contribuirá a proporcionar una consciencia situacional mucho mayor que los sitios web, las redes sociales o las aplicaciones actuales. Algunas investigaciones sobre cómo generar confianza aumentando la consciencia situacional ya han demostrado la correlación entre ambos conceptos, como, por ejemplo, la incorporación de una pantalla de consciencia situacional en los taxis para que los pasajeros conozcan su situación y los puntos de interés a su alrededor en tiempo real (Chang *et al.*, 2019). El Metaverso podría adoptar el mismo enfoque para mostrar dicha información al usuario de manera discreta y proporcionarle una comprensión completa de lo que sucede a su alrededor.

La fiabilidad también se considera un aspecto importante de la confianza. Los usuarios deberían poder confiar en las tecnologías del Metaverso para manejar sus datos de la manera que esperan. Los avances recientes en informática fiable han allanado el camino para entornos de ejecución fiables (TEE, por sus siglas en inglés) en dispositivos móviles. Un TEE proporciona un entorno seguro y aislado para la ejecución de códigos y el procesamiento de datos (la memoria y el almacenamiento están sellados criptográficamente), así como certificación remota (aserciones de configuración). Esta tecnología permite realizar las operaciones más delicadas con los datos del usuario, como transacciones bancarias o gestión de información sanitaria, pero su aplicación a los servicios del Metaverso aún no está plenamente desarrollada.

Otro aspecto de la confianza que también afectará al Metaverso es el problema del exceso de confianza natural de los usuarios en ciertos ámbitos. La gente tiende muy fácilmente a confiar en los productos y servicios de las grandes marcas. La sociedad a menudo depende de la reputación como métrica predominante para decidir si confiar en un producto o servicio de una marca determinada, pero en la actual economía impulsada por los datos, donde la información del usuario es una mercancía, se ha reportado que incluso las grandes marcas recurren a prácticas destinadas a averiguar tanto como sea posible del usuario, a veces traspasando los límites de la privacidad e incluso la legislación de ciertos países, como cuando Google puso los correos electrónicos de los usuarios de Gmail a disposición de terceros (Cuthbertson, 2018). Si extrapolamos esta preocupación al Metaverso, donde tienen lugar interacciones similares a las del mundo real, el mal uso de la información personal por parte de terceros puede causar un trauma fisiológico significativo a los usuarios. La Iniciativa Global sobre Ética de los Sistemas Autónomos e Inteligentes del IEEE recomienda que, al entrar en cualquier ámbito virtual, los usuarios deben recibir un tutorial de «teclas de acceso rápido» para salir de la experiencia virtual, así como información sobre la naturaleza del seguimiento algorítmico y la transmisión dentro de cualquier entorno (Morrow *et al.*, 2021).

Responsabilidad en el Metaverso

Es probable que la responsabilidad sea uno de los principales temas de preocupación a la hora de aprovechar todo el potencial del Metaverso. A pesar de los avances tecnológicos que hacen realidad la computación ubicua y omnipresente, muchos de sus beneficios potenciales podrían quedar limitados si las personas no se sienten cómodas con la experiencia. La responsabilidad es esencial para la confianza, y no solo la de los proveedores de servicios, sino también la de los propios usuarios.

Las políticas de moderación de contenido, que detallan cómo los servicios y las plataformas tratarán el contenido generado por el usuario, se aplican frecuentemente en las redes sociales tradicionales para responsabilizar a los usuarios por el contenido que generan. Aunque esto puede extrapolarse directamente al Metaverso, en este nuevo universo es probable que los usuarios interactúen por medio de sus avatares, lo que confunde hasta cierto punto la identidad del usuario. Además, los avances recientes en el aprendizaje automático multimodal pueden permitir avatares 3D generados por máquinas o, lo que es algo más complejo en cuanto a la responsabilidad, que los avatares de los usuarios tengan algún comportamiento autónomo o semiautónomo, algo parecido a lo que sucede en la conducción autónoma de vehículos. Supongamos que uno quiere que su propio avatar en el Metaverso sea más social y hace uso de un servicio para que se comporte de forma autónoma a la hora de interactuar con otros avatares, aprendiendo de las expresiones que uno emplea y los lugares que visita. Supongamos entonces que el avatar entra por su cuenta en un lugar prohibido por la ley del país de turno (el país físico, real). Podría suceder que el avatar hiciera cosas ilegales de manera autónoma y que la policía irrumpiera en casa del usuario real mientras este dormía plácidamente y lo arrestara.

Como puede verse, la moderación en el Metaverso tendrá dificultades para distinguir en qué casos el avatar dado encarna acciones de un usuario humano o está gobernado por una máquina. Para añadir más complejidad, dado que las personas tienen derecho a la libertad de expresión, algunas medidas para proteger inicialmente a los usuarios, limitando las acciones de los avatares en el Metaverso (para que todo el mundo pueda dormir tranquilo), podrían ser consideradas censura. Recordemos lo que ocurre en la vida real: se dice que no se puede matar a una persona, pero en realidad sí que se puede. Luego iremos a la cárcel o nos condenarán a muerte, pero poderse, se puede. ¿Sería correcto —o siquiera técnicamente posible— restringir el crimen o las acciones dañinas en el Metaverso mediante la implementación de reglas en las aplicaciones? Para complicar aún más las cosas, los derechos de las personas y las leyes son diferentes en cada país, así que ¿cuál sería el estándar del Metaverso? Una posible solución podría ser aplicar los derechos constitucionales otorgados a los usuarios en cada ubicación para diseñar la moderación de contenido para esa ubicación. Pero, en el mundo en línea, los usuarios a menudo cruzan los límites físicos, así que esta solución podría no ser factible.

Otro aspecto de la responsabilidad en el Metaverso emana de cómo se manejan los datos de los usuarios, ya que los dispositivos para acceder al Metaverso, como veremos en la sección siguiente, recopilan inherentemente información mucho más sensible que los dispositivos inteligentes tradicionales. Las regulaciones de protección de la privacidad como el RGPD dependen del consentimiento del usuario y del derecho al olvido para solucionar este problema, pero, con bastante frecuencia, los usuarios no son del todo conscientes de los riesgos potenciales e invocan su derecho al olvido después de que el mal ya está hecho. Para abordar este problema, el Metaverso podría aplicar el principio de minimización de datos, por el que solo se recopile la cantidad mínima de datos de usuario necesaria para la función básica, y el principio de conocimiento cero, por el que los sistemas retengan los datos del usuario solo el tiempo estrictamente necesario. Otra alternativa que merece la pena explorar es el uso de la tecnología Blockchain para poner en marcha el proceso de gestión de datos, que siempre sigue el conjunto fijo de políticas que ya hayan sido consentidas. De ese modo los usuarios siempre podrán ejercer un seguimiento de sus datos.

Ahora bien, existe otra opción extraída del ámbito de la tecnología de la información tradicional: la auditoría. Con mucha regularidad, se ha utilizado para garantizar que los responsables del tratamiento de datos rindan cuentas ante las partes interesadas. Los auditores suelen ser terceros certificados que no tienen ningún conflicto de intereses con los responsables del tratamiento de datos. Inicialmente, la auditoría también podría usarse en el Metaverso. Sin embargo, aparte de la enorme cantidad de datos que se generaría, la auditoría tendría que resolver el problema de cómo auditar los datos secundarios creados a partir de los datos del usuario, pero no por el propio usuario. Normalmente, aunque hay regulaciones para asegurar cierto nivel de protección de los datos de los usuarios, no existe claridad explícita acerca de los datos secundarios. Este tema también se relaciona con la propiedad de los datos en el Metaverso, que aún es objeto de debate.

Al margen de la recopilación de datos, la responsabilidad en el Metaverso va mucho más allá, ya que las consecuencias no deseadas pueden causar no solo daños psicológicos, sino incluso daños físicos. Por ejemplo, el uso de realidad aumentada para guiar a conductores o peatones puede provocar accidentes potencialmente mortales. Los organismos reguladores todavía están debatiendo sobre cómo establecer responsabilidades por incidentes provocados por máquinas que restan atención a los usuarios. Todos recordamos cuando, en 2018, un automóvil Uber autónomo —que tenía un conductor humano— mató a un peatón en Arizona. El accidente podría haberse evitado si la atención del operador humano hubiera estado en la calzada. Sin embargo, exigir una atención humana total en todo momento también resta utilidad a estas tecnologías de asistencia. Los organismos reguladores deberán considerar contextos más amplios en el Metaverso para decidir si la responsabilidad en tales escenarios corresponde al usuario, al fabricante del dispositivo o a otros.

Principios y diseños éticos para el Metaverso

Se espera que el Metaverso alcance proporciones mundiales, lo que planteará diversos retos para proteger a los usuarios en un espectro tan amplio. Las regulaciones y leyes en este ámbito deberían traducirse en un seguimiento continuo de los usuarios (como, por ejemplo, registros de conversaciones) para vetar a aquellos que hayan sido denunciados por otros o que infrinjan alguna regla. Este enfoque se asemeja a cierta gobernanza, que puede ser una interferencia en la experiencia del Metaverso, el cual, sin embargo, sin ningún control global podría derivar en anarquía y caos. Como en el caso de Internet, los países regularán algunos aspectos del Metaverso en sus territorios, pero, como ya sabemos, las fronteras en el espacio digital no son las mismas que en el espacio geográfico.

Algunos autores han propuesto la implantación gradual de herramientas que permitan a los grupos controlar a sus miembros e interactuar con otros grupos bajo modelos de federación. De esta manera, los usuarios del Metaverso podrían crear vecindarios con reglas específicas, como áreas concretas donde solo puedan entrar usuarios con ciertas afinidades. Tecnologías como Blockchain también podrían permitir obligar a los usuarios a cumplir las normas, so pena del correspondiente castigo. Si bien esto podría contribuir a que el Metaverso fuera más granular y permitir cierto nivel de gobernanza en materia de privacidad y seguridad, también podría conducir a áreas cerradas o «guetos virtuales», lo que podría ir contra los principios democráticos y el respeto a la libertad y la no discriminación.

Otro desafío que el Metaverso debe afrontar es cómo manejar la información confidencial de menores, ya que constituyen una amplia fracción de usuarios digitales cada vez más sofisticados y conocedores de la tecnología, y se espera que muchos servicios del Metaverso se dirijan a este segmento de población en particular (como, por ejemplo, educación y entretenimiento). Por lo general, los menores son menos conscientes de los riesgos que implica el procesamiento de sus datos. Desde un punto de vista práctico, a menudo es difícil verificar si un usuario es un niño, incluso en la Internet actual, por lo que se requeriría un consentimiento válido de los padres. En consecuencia, los proveedores de servicios en el Metaverso deberían revisar las medidas que están tomando para proteger los datos de los niños y considerar mecanismos de verificación más eficaces, aparte de confiar simplemente en mecanismos de consentimiento, que podrían falsearse. Al igual que en el mundo físico, los servicios del Metaverso podrían beneficiarse de funciones como el reconocimiento facial o la madurez verbal del usuario para obtener un rango de edad y combinarlo con otros mecanismos para mejorar la fiabilidad de las medidas de protección de la infancia.

Por último, la protección de grupos vulnerables no se limita a los niños. Las personas vulnerables incluyen no solo a las más susceptibles de violación de su privacidad, sino también a aquellas cuya seguridad y bienestar se ven desproporcionadamente afectadas por dichas violaciones, o que es probable que sufran discriminación debido a la divulgación de su trastorno físico o mental, raza, género, sexo, clase u otras características similares. Se espera un número creciente de preocupaciones y nuevas soluciones en relación con este tema a medida que el Metaverso madure en los próximos años.

Resumen

En este capítulo se han tratado muchas ideas sobre la seguridad en el Metaverso, que se resumen como sigue:

- El Metaverso gestionará mucha más información y datos personales que la actual Internet. Por lo tanto, surgen numerosas preocupaciones con respecto a la seguridad y la privacidad.
- Hasta ahora, todo espacio sobre la faz de la Tierra ha estado gobernado y controlado por algún gobierno. Todavía no hay acuerdo, y muy pocos modelos, para la gobernanza de los espacios virtuales en el Metaverso.

- Se espera más regulación en los próximos años, ya sea en relación con los espacios virtuales o con la protección de los avatares en el Metaverso.
- La tecnología dificulta las cosas: los avatares basados en IA y los *deepfakes* pueden representar un grave problema de seguridad en el Metaverso.
- La confianza y la responsabilidad en el Metaverso son objeto de estudio en materia de seguridad: las personas tienden a comportarse de manera más irresponsable cuando no están frente a otras directamente. Además, algunos grupos menos versados en el uso de las nuevas tecnologías serían mucho más vulnerables a las estafas.
- Hay que implantar políticas de seguridad y reglas éticas en el Metaverso. Sin embargo, como espacio de exploración completamente nuevo, si son sobreprotectoras y se basan en premisas obsoletas que ya no son válidas en el mundo virtual, podrían obstaculizar el desarrollo de nuevos servicios y aplicaciones.

Capítulo 14
Cuándo se hará realidad el Metaverso

Como ya se ha visto, el Metaverso se basa en tecnologías que existen actualmente. Desde un punto de vista teórico, podría ser una realidad en el presente, aunque solo de forma experimental y reducida. La razón es que, incluso aunque sea factible, aún hay que desarrollar un ecosistema y producir y desplegar algunos elementos a gran escala para que resulte práctico. Uno puede saber preparar galletas y tal vez pueda conseguir los ingredientes muy fácilmente, pero de ahí a crear una empresa de alimentación capaz de producir y vender millones de galletas en todo el mundo hay un gran salto.

En este capítulo se analiza lo que se necesita para que el Metaverso se democratice, es decir, sea accesible a todos los públicos y su uso se generalice en la vida diaria.

El problema de la escala

Los experimentos actuales de salas virtuales inmersivas muestran que, con las tecnologías disponibles en lo que respecta al rendimiento de las tarjetas gráficas (GPU, o unidades de procesamiento gráfico, técnicamente hablando) y al ancho de banda de la red, dichos entornos interactivos solo podrían dar cabida a unas decenas de participantes. Incluso aunque el auge de las criptomonedas y la industria de los videojuegos hayan multiplicado la demanda de GPU de alto rendimiento durante los últimos años, con el consiguiente aumento de prestaciones sin que los dispositivos dejen de ser relativamente asequibles, el problema principal es que, a medida que acceden más participantes a una sala virtual, la demanda de carga computacional y descarga de contenidos por la red crece exponencialmente. Esto se debe a que el servidor que aloja la sala virtual, tanto si se limita a retransmitir como si efectúa un procesamiento adicional del contenido, debe generar una escena dinámica 3D para cada participante y, cada vez que se une un nuevo usuario, hay que generar más imágenes 3D en movimiento para cada uno de los demás participantes. El resultado es que el servidor se sobrecargará rápidamente y dejará de funcionar correctamente.

En cuanto a las necesidades de ancho de banda de las aplicaciones para el Metaverso, es importante saber que, en comparación con los vídeos 2D tradicionales, el ancho de banda para transmitir vídeos 3D equivalentes (misma resolución, misma duración, misma profundidad de color...) es enorme, tal como se muestra en la tabla 14.1.

Tecnología de vídeo 3D	**Ancho de banda 3D**	**Transmisión 2D equivalente (TV)**	**Ancho de banda 2D**
Imágenes 2k 2×2D, 30 fps, color de 8 bits	100 Mbps	SD (720 × 480)	1,1 Mbps
Imágenes 4k 2×2D, 60 fps, color de 10 bits	400 Mbps	HD (1080p)	5 Mbps
Imágenes 8k 2×3D, 120 fps, color de 12 bits	2 Gbps	4K (2160p)	20 Mbps

Tabla 14.1. Equivalencia de requisitos técnicos entre el vídeo 3D inmersivo y la transmisión 2D normal.

Podemos ver que el ancho de banda de la conexión a Internet para que el Metaverso funcione en casa o en nuestros dispositivos móviles es aproximadamente cien veces mayor que el de la transmisión de vídeo convencional. Aunque hay muchos hogares con un ancho de banda mayor, el problema está en el lado del servidor, pues en la actualidad es imposible proporcionar dicho ancho de banda a una gran cantidad de usuarios desde el mismo nodo de red que aloja la sala virtual.

La necesidad de nuevos dispositivos

El segundo reto para la generalización del Metaverso es la accesibilidad. El acceso a Internet no necesita dispositivos específicos. En todos los hogares hay teléfonos móviles, tabletas y ordenadores. Para acceder al Metaverso, en cambio, los usuarios deben usar gafas 3D para una mejor interacción con el mundo virtual. El problema no es solo la necesidad de adquirir un nuevo dispositivo relativamente caro, sino también que las gafas limitan en gran medida la accesibilidad, en el sentido de que muchas aplicaciones no las admiten y solo pueden emplearse en entornos físicos controlados (normalmente en un espacio interior despejado). Algunos proveedores están intentando producir nuevos dispositivos de interfaz para acceder al Metaverso, como gafas de aspecto más estándar y atractivo, lentes de contacto e incluso un acceso sin necesidad de llevar ningún dispositivo adicional (Park y Kim, 2022).

Además, solo tendemos a pensar en el Metaverso como una combinación de entradas de audio espacial y vídeo 3D, pero las técnicas de interacción necesitan incorporar los demás sentidos, como el tacto, el olfato e incluso el gusto, igual que hacemos en el mundo físico (Dionisio y Gilbert, 2013). Este camino se encuentra todavía en una fase experimental inicial.

Otro problema relacionado con la accesibilidad es la interoperabilidad entre las diferentes implementaciones del Metaverso, especialmente cuando los usuarios pasen de una plataforma a otra. Como tecnología emergente que es, se espera que los grandes proveedores de tecnología proporcionen sus propios dispositivos para ciertas plataformas, como ya ha ocurrido en el pasado con otras tecnologías. La experiencia del usuario debería ser perfecta, sin interrupciones, y debería permitir que cualquiera accediera a todos los contenidos del Metaverso, pero probablemente esto no será así hasta dentro de bastante tiempo.

Conexión con la realidad física

El Metaverso servirá de puente entre los mundos físico y digital. De hecho, como ya ha quedado patente a lo largo de este libro, el Metaverso puede entenderse como un mundo conectado (en el sentido de Internet) que discurre en paralelo al mundo real. Pero esto no es del todo cierto. Ambos mundos interactuarán en determinadas circunstancias en las que datos producidos en el mundo físico alimentarán las aplicaciones del Metaverso o los repositorios de información, y las acciones efectuadas en el Metaverso por los usuarios o por elementos virtuales se traducirán en acciones físicas en la realidad.

Veamos un ejemplo ilustrativo: una aplicación del Metaverso podría replicar las condiciones climáticas físicas reales en una playa concreta para simular ese entorno en el espacio virtual. Para ello, los datos físicos (temperatura, luz, lluvia, nubes, viento, etcétera) deberían medirse en el mundo real y luego enviarse al Metaverso. Del mismo modo, la misma aplicación podría tener acceso a los sistemas de calefacción y aire acondicionado de la vivienda del usuario, así como a ventiladores especiales, para emular la temperatura y el viento presentes en esa playa en la habitación física del usuario.

Aunque cada día se miden digitalmente más variables en nuestro mundo físico, los requisitos para proporcionar experiencias en verdad inmersivas en el Metaverso son muy altos. Por lo tanto, es de esperar que, inicialmente, las aplicaciones del Metaverso proporcionen experiencias de inmersión vagas o deficientes, lo justo para ofrecer algunos servicios etiquetados como productos mínimos viables (MVP, por sus siglas en inglés). Por ejemplo, la experiencia de compra del Metaverso podría limitarse a simples representaciones tridimensionales flotantes de los objetos, pero no podríamos agarrarlos ni comprobar cuánto pesan, sentir su textura y consistencia, etcétera.

El esfuerzo necesario para conectar la realidad física con el Metaverso de manera bidireccional es considerable, por lo que se espera un esfuerzo progresivo durante los próximos años. Este se repartirá entre dos caminos evolutivos: el primero, la digitalización de toda la realidad (medirlo y registrarlo todo), y el segundo, el desarrollo de programas y métodos capaces de procesar la cantidad tan ingente de datos necesaria para proporcionar nuevas experiencias y aplicaciones a los usuarios del Metaverso.

Ciudades inteligentes y sensores por doquier

El concepto «ciudad inteligente» define un sistema complejo e interconectado que aplica tecnologías digitales para gestionar los servicios típicos de un área urbana. Estas tecnologías pueden aplicarse a casi todo, desde los sistemas de transporte público y privado hasta el uso eficiente de los recursos energéticos o hídricos, pasando por los planes de protección civil, los aspectos socioeconómicos, como un uso más eficiente y mejorado de los espacios públicos, o la comunicación de incidencias a residentes y visitantes.

Una ciudad inteligente detecta las necesidades de sus habitantes y reacciona transformando en conocimiento las interacciones de los ciudadanos con los sistemas y elementos del servicio público. El objetivo final de los servicios de una ciudad inteligente es proporcionar soluciones en tiempo real a los problemas o demandas de los ciudadanos, o incluso anticipar lo que pueda suceder.

Como podrá adivinarse, el despliegue de servicios en una ciudad inteligente implica instalar sensores para medir diferentes variables: contadores inteligentes de agua o electricidad, cámaras, sensores meteorológicos, sensores de ruido, sensores de tráfico, sensores de posición GPS para efectivos y vehículos de policía, ambulancias y bomberos, sensores de densidad de transeúntes, sensores de drenaje de alcantarillado, sensores de contaminación del aire, sensores, sensores y más sensores. Toda esta información se utiliza con dos fines: primero, alimentar grandes bases de datos que puedan mostrar tendencias sobre diferentes aspectos, como la contaminación o el ruido, y segundo, proporcionar información en tiempo real para emprender acciones tales como enviar un coche patrulla en caso de congestión inusual del tráfico o advertir a los ciudadanos si la contaminación o el polen han alcanzado el umbral máximo recomendado para ciertas actividades, como hacer deporte al aire libre.

Esta es una tendencia que comenzó en las ciudades más grandes y luego se extendió a muchas otras poblaciones o áreas urbanas. Se espera que continúe durante los próximos años, con muchos más sensores implementados en todo el mundo cada año. Y esto también es necesario para desarrollar nuevas aplicaciones del Metaverso, porque, como se ha visto, los sensores son la base para la digitalización de la información sobre el mundo real y también porque las bases de datos ligadas a los servicios de las ciudades inteligentes ayudarán bastante al desarrollo de modelos virtuales de muchos aspectos de nuestra vida diaria.

Desarrollar el soporte lógico del Metaverso implica mucho trabajo y estudio, ya que aún quedan bastantes elementos por desarrollar y muchas posibilidades por descubrir. No hay suficiente información sobre detalles prácticos para llevar a cabo implementaciones complejas y realistas (como, por ejemplo, la selección de objetos, acciones condicionales, guiones gráficos de usuario con flujo de escenas, teletransporte entre escenas, movimiento y diálogo). Cuando nace una nueva tecnología o ecosistema tecnológico, aparecen comunidades de desarrolladores para ayudar a los desarrolladores individuales, para evitar que cada uno deba diseñar el sistema completo. Hay algunas plataformas colaborativas comerciales como Roblox que ya están funcionando con éxito, así como otras de código abierto, como Unity.

Esto es crucial para la adopción generalizada del Metaverso. Aunque hay algunos intentos iniciales de traducir algunas aplicaciones al Metaverso, la mayoría de ellas solo resultarán de interés para los *early adopters* o usuarios pioneros del Metaverso, ya que estas aplicaciones tendrán muy poco o ningún valor añadido (por ejemplo, ver vídeos de YouTube en un teatro virtual). Sin embargo, se dará un salto importante una vez que se desarrollen nuevas aplicaciones específicas para el Metaverso que brinden servicios y experiencias que resulten imposibles fuera de él, como probarse ropa o accesorios directamente en el cuerpo, la oreja o la muñeca. De todos modos, tendremos que esperar algunos años antes de que las atractivas e impresionantes aplicaciones del Metaverso estén disponibles y se adopten multitudinariamente.

Luchar contra la multiplicidad de metaversos

En el primer capítulo de este libro se vio que el Metaverso, como cualquier tecnología que pretenda llegar a todos los rincones del globo, es un sistema descentralizado por naturaleza. Esta descentralización incluye la tecnología Blockchain, el almacenamiento distribuido, la computación distribuida, etcétera. Hay muchas empresas que ahora ofrecen su propio metaverso, siendo Meta probablemente la más mediática. Realmente, estas soluciones no son el Metaverso, sino espacios aislados de realidad virtual. Es posible hacer una comparación con las incipientes redes informáticas aisladas de los años setenta (la mayoría para conectar sucursales bancarias) y la Internet que conocemos ahora, donde todo está realmente conectado con todo.

Lo que hizo posible Internet fueron dos cosas: el uso común de algunos protocolos de comunicación (a saber, TCP/IP) por organizaciones de todo el mundo, y lo que técnicamente se denomina «herramientas de descubrimiento», más conocidas como «motores de búsqueda» (por ejemplo, Google o Bing). En el contexto del Metaverso, un problema urgente que debe resolverse es cómo descubrir y asignar recursos de forma eficaz. Los investigadores exploran constantemente estrategias de gestión de recursos que proporcionen la base para la implementación del Metaverso, como un algoritmo de búsqueda y descubrimiento de recursos para entornos heterogéneos o un marco dinámico de asignación de recursos para sincronizar el Metaverso con servicios y datos conectados a fuentes externas y a la realidad física.

No obstante, es probable que veamos algunas iniciativas privadas que proporcionen servicios en metaversos aislados antes de que se alcance un estado de madurez en el que podamos disfrutar de un motor de búsqueda similar a Google para navegar entre los diferentes espacios virtuales y aplicaciones del Metaverso. Además, en el Metaverso, nuestro avatar y cierto contexto espacial son cruciales para muchos servicios, y todavía no hay una respuesta definitiva sobre cómo los desarrolladores deberían aplicar protocolos o estándares comunes para permitirnos usar el mismo avatar y la misma información contextual (como, por ejemplo, la configuración de la sala física que utilizamos para conectarnos al Metaverso o el tipo de dispositivos que tenemos) en diferentes aplicaciones.

Así pues, como mundo virtual estrechamente conectado con la realidad y de naturaleza multidimensional y compleja, se hace necesario establecer estándares para el Metaverso. Además, las cuestiones de compatibilidad y estandarización del Metaverso no se refieren solo a la concordancia entre los metaversos creados por diferentes empresas, sino también a la conexión del Metaverso con el mundo real. Por ejemplo, cuestiones de compatibilidad y circulación de monedas, y manejo de disputas legales. La figura 14.1 muestra el complejo ecosistema tecnológico y funcional que debe gestionarse para obtener una experiencia integrada en el Metaverso. Inicialmente se espera una libertad absoluta para cualquier empresa que desarrolle su propio metaverso. Cuanto más tiempo se tarde en establecer estándares, más difícil será la futura interoperabilidad entre aplicaciones y servicios.

En conclusión, aunque hay algunas iniciativas para construir aplicaciones de metaverso, existe una necesidad urgente de aprobar y seguir ciertos estándares para su interoperabilidad y la integración de fuentes de información externas. De lo contrario, podríamos asistir a un rápido ascenso y caída del Metaverso antes de que llegue una segunda oportunidad en el futuro, como probablemente estamos vislumbrando en la actualidad.

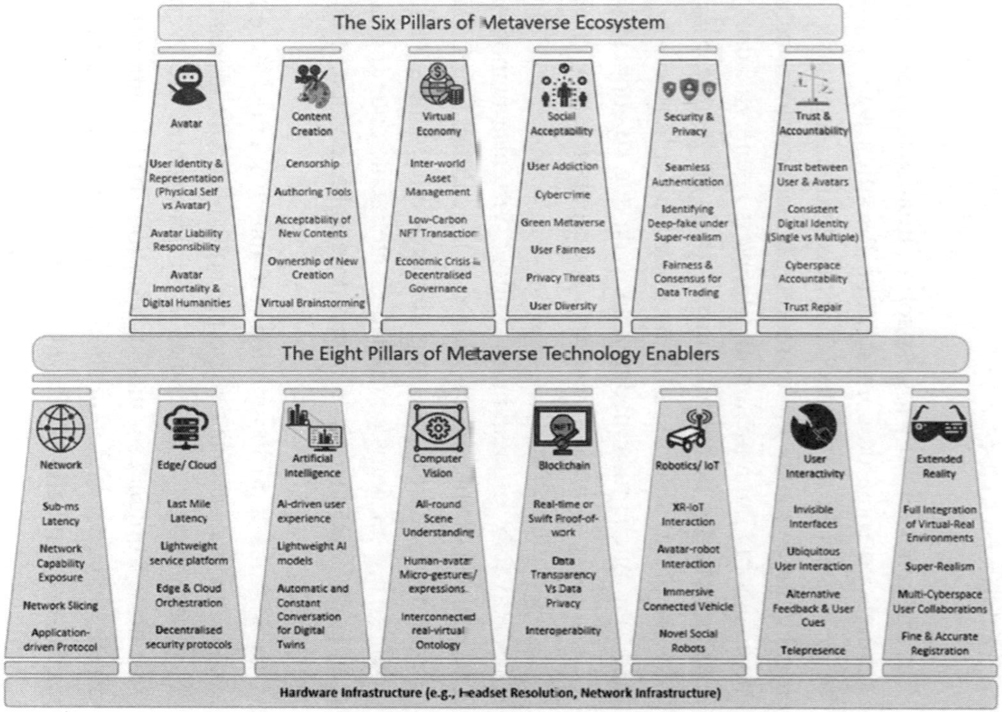

Figura 14.1. Tecnologías habilitadoras y componentes funcionales del Metaverso (fuente: Lee *et al.*, 2021).

Resumen

En este capítulo se han tratado las siguientes ideas sobre obstáculos o retos que el Metaverso debe superar antes de ser útil y estar disponible para todos:

- Las imágenes en 3D y los espacios virtuales requieren mucha más potencia de cómputo que los sitios web simples utilizados en la actualidad. Además, exigen un ancho de banda mucho mayor en las redes. Con la tecnología actual no es posible implementar un Metaverso generalizado.
- Las tecnologías de entrada (dispositivos de gestos, *wearables,* etcétera) solo se utilizan en algunas aplicaciones. Se necesita mucha más madurez antes de que su adopción se generalice, y además tienen que ser ergonómicas y cómodas en la vida diaria.
- El Metaverso se quedará en realidad virtual a menos que esté estrechamente entrelazado con la realidad física. Para eso se necesitan muchos más sensores inteligentes, tecnología IoT y servicios de ciudades inteligentes que digitalicen la realidad física y la hagan procesable desde el Metaverso.
- Una vez que todo lo anterior esté más o menos resuelto, aún se necesitará más tiempo para que los proveedores desarrollen nuevas aplicaciones y servicios en el Metaverso que no se limiten a ser una «traducción» de los actuales.
- En la lucha por la conquista del Metaverso, la fase inicial verá surgir muchos metaversos aislados. Con el tiempo convergerán y se consolidarán hasta que podamos disfrutar de un Metaverso unificado.

Capítulo 15
Potenciales efectos secundarios del Metaverso

El Metaverso generará un nuevo tipo de relación social que integra interacciones online y en persona. La llegada del Metaverso no reemplazará las relaciones sociales físicas por relaciones sociales virtuales, sino que aportará nuevas formas —a veces preferidas— de comunicación entre individuos. Por lo tanto, la adopción masiva del Metaverso en nuestra vida diaria conllevará nuevos problemas relacionados con la comunicación, las emociones y las convenciones sociales humanas.

En este capítulo se analizan los posibles efectos secundarios más relevantes de los cambios introducidos por el Metaverso en la sociedad (resumidos en la figura 15.1). Esta lista tiene en cuenta la experiencia adquirida con la adopción generalizada de las redes sociales y la conectividad personal. Pero, al igual que ha ocurrido con las redes sociales, también podrían aparecer otros efectos secundarios futuros que aún se desconocen.

Cibersíndrome

El cibersíndrome o síndrome cibernético es un conjunto de trastornos físicos, sociales y mentales que afectan al ser humano debido al mal uso de la tecnología o la interacción excesiva con el ciberespacio. El síndrome cibernético está estrechamente relacionado con cuatro comportamientos (Beard y Wolf, 2001):

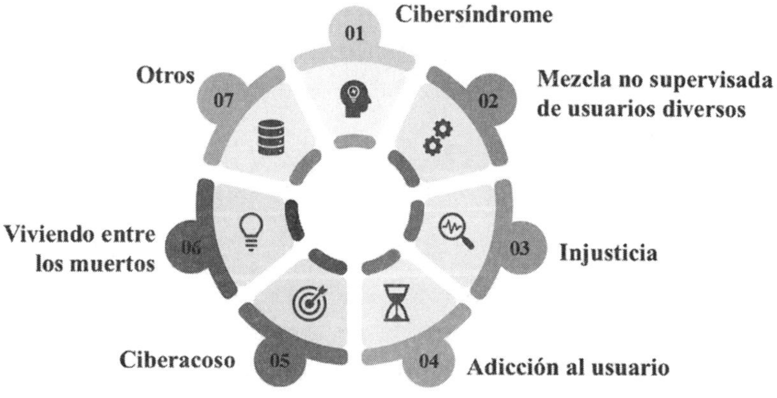

Figura 15.1. Posibles efectos secundarios del Metaverso.

1. Interacción excesiva con el ciberespacio, lo que significa conectarse al ciberespacio sin mesura o de manera no razonable. En otras palabras, conectarse al ciberespacio no es una actividad intrínsecamente viciada, pero la línea entre el uso normal y la adicción se traspasa cuando el uso positivo o neutro se transforma en un impacto negativo para el usuario.
2. Estado de carencia, caracterizado por una sensación desagradable cuando se le imponen al usuario normas o una reducción en la frecuencia de interacción con el ciberespacio, como tristeza, ansiedad, irritabilidad, enojo o aburrimiento cuando no es posible el acceso a la tecnología.
3. Tolerancia ligada a la interacción excesiva con el ciberespacio. En términos médicos, la tolerancia en el contexto de las drogas significa la necesidad de aumentar la cantidad o duración de la actividad para lograr los mismos efectos en el corto plazo. En el cibersíndrome, va desde la compra de nuevos equipos y aplicaciones hasta el aumento del número de horas frente a los terminales, lo que conducirá a un desconocimiento total o parcial del entorno circundante.
4. Consecuencias externas, como la pérdida de interés en aficiones anteriores o relaciones importantes, problemas la-

borales o matrimoniales y pasar más tiempo conectado al ciberespacio que saliendo con amigos o participando en actividades familiares.

Con el continuo desarrollo de métodos interactivos, los dispositivos electrónicos se han vuelto más pequeños y portátiles. La mayor ergonomía de los equipos y el diseño fluido y adictivo de muchas aplicaciones y servicios digitales hacen que la gente pase cada vez más tiempo en Internet. Trasladar esta situación al Metaverso, que estaría estrechamente conectado con el mundo real, podría difuminar las fronteras entre lo virtual y lo real, y el alto grado de inmersión de las aplicaciones y los servicios del Metaverso podría empeorar el problema del cibersíndrome, haciendo que mucha gente prefiriera la realidad virtual a la física.

Finalmente, a medida que el Metaverso se convierta en algo cotidiano, la adicción del usuario será un tema crucial. La gente podría recurrir al Metaverso para escapar del mundo real, tal como se describe en la novela *Snow Crash,* publicada en 1992 por Neal Stephenson.

Sin abandonarnos a una resignación tecnológica totalmente determinista, parece inevitable que, como trabajadores, educadores, estudiantes y entes sociales, nos encontremos cada vez más con la RV y con invitaciones a vernos en el Metaverso. A medida que se acceda más ampliamente al Metaverso, este ofrecerá un campo apasionante para la interacción entre seres humanos y ordenadores, así como para el trabajo colaborativo con ayuda de los dispositivos digitales. Pero hay riesgos inherentes. La adopción masiva de las redes sociales, como norma global para la socialización mediada por la tecnología, nos ha proporcionado un anticipo de la posibilidad de que el capitalismo se apropie del valor de los datos de los usuarios en el Metaverso. Las presiones económicas, ambientales o de otro tipo para adoptar la RV —entrar en el Metaverso— y expandir la digitalización a todas las actividades y cosas cotidianas son enormes. No podemos estimar con precisión qué impactos sanitarios, sociales o económicos tendrá el Metaverso sobre las personas en los próximos años, pero la comunidad científica coincide en que cambiará profundamente el comportamiento de la sociedad y de las interacciones humanas.

Mezcla no supervisada de usuarios diversos

Como se indica en un diseño visionario de interacción persona-ciudad (Lee *et al.*, 2020), el diseño de la interacción móvil de usuarios de la realidad aumentada y mixta en zonas urbanas debe considerar a todas las partes interesadas. De manera similar, el Metaverso debería ser inclusivo para todos los miembros de la comunidad, con independencia de su raza, sexo, edad, religión, etcétera. En el Metaverso, puede acabar apareciendo cualquier contenido y no hay garantía de que sea apropiado para la audiencia prevista. Se puede dimensionar este problema transponiéndolo de la realidad física al espacio virtual: en el mundo físico hay diferentes áreas concebidas para audiencias concretas. Por ejemplo, los parques tienen un espacio para niños, las escaleras tienen una rampa lateral para usuarios de sillas de ruedas, las discotecas tienen restricciones de edad, etcétera. Hacer lo mismo en el Metaverso es teóricamente posible, pero, teniendo en cuenta la posibilidad de saltar de cualquier lugar a otro en cuestión de segundos y las infinitas posibilidades que ofrece el Metaverso, donde no hay barreras (fronteras, regulaciones nacionales, etcétera), esta tarea podría resultar abrumadora.

Además, la diversidad también es importante a la hora de mostrar contenidos personalizados a los usuarios. Podría haber dudas sobre la imparcialidad de los sistemas de recomendación para minimizar el contenido sesgado y, por lo tanto, afectar al comportamiento y la toma de decisiones de los usuarios. Los contenidos en los mundos virtuales pueden conducir a una mayor aceptación al proporcionar factores de disfrute, participación emocional, entusiasmo y otros sentimientos similares. Aún no se ha determinado dónde poner los límites en el Metaverso, lo que podría dar lugar a un grave problema ético con efectos secundarios devastadores para los ciudadanos.

Injusticia

En el Metaverso, se construirán numerosos mundos virtuales y quizás cada uno de ellos tenga sus reglas separadas para regir los comportamientos y las actividades de los usuarios. Por este motivo, los esfuerzos para gestionar y mantener tales mundos virtuales serían enormes. Se espera que agentes autónomos, apoyados por la IA, asuman la gobernanza en tales mundos virtuales para aliviar las necesidades de trabajo manual asociadas. Es importante señalar que los agentes autónomos en los mundos virtuales dependen del aprendizaje automático para reaccionar a los cambios continuos de los elementos virtuales y avatares. Es bien sabido que ningún modelo puede describir perfectamente el mundo real, y, de manera similar, un modelo injusto o sesgado podría dañar sistemáticamente la experiencia del usuario en el Metaverso o incluso ser contrario al sentido común acerca de lo que se esperaría en la realidad física. Los servicios sesgados podrían poner a ciertos grupos de usuarios en posiciones de desventaja o incluso causarles daños.

Podemos encontrar similitudes con las redes sociales, donde el mero hecho de resumir los textos generados por los usuarios mediante enfoques algorítmicos puede hacer que algunos grupos sociales queden subrepresentados. Por el contrario, los algoritmos de resumen que preservan la equidad pueden producir servicios generales de alta calidad en todos los grupos sociales. Se esperaría que los diseñadores del Metaverso, considerándolo una sociedad virtual, incluyeran la equidad algorítmica como valor central de sus diseños y, en consecuencia, mantuvieran la justicia procedimental al emplear algoritmos y agentes informáticos para asumir funciones de gestión y gobernanza. Sin embargo, esto requiere un alto grado de transparencia hacia los usuarios y mecanismos de control de resultados, lo cual no está garantizado. En la actualidad, estamos viendo florecer una «escuela de pensamiento de la censura» relacionada con el contenido de las redes sociales, según la cual muchas personas piensan que es justo que una empresa privada utilice políticas opacas para prohibir ciertos contenidos, mientras que otras ven esto como un ultraje a la libertad de expresión. La traducción de estos temas abiertos al Metaverso producirá un efecto mucho mayor en las reacciones de los ciudadanos, dado el mayor entrelazamiento del Metaverso con las emociones y los sentidos.

En conclusión, la relevancia de las percepciones de imparcialidad en los métodos de aprendizaje automático por los usuarios es crucial para la percepción de imparcialidad del Metaverso. Sin embargo, la inclinación hacia la justicia percibida podría propiciar la caída en otra trampa, la del sesgo hacia resultados favorables.

Adicción al usuario

El uso excesivo de entornos digitales puede considerarse una adicción. Será una cuestión importante cuando el Metaverso se convierta en el lugar prevalente en el que las personas pasen su tiempo, interactuando con servicios digitales. En el peor de los casos, los usuarios pueden valerse del Metaverso para escapar del mundo real, lo cual es un trastorno psicológico conocido como escapismo. Algunas investigaciones ya han encontrado evidencia de adicciones a diversos ciberespacios virtuales o plataformas digitales tales como redes sociales, aplicaciones móviles, teléfonos móviles, RV, RA y otras tecnologías digitales.

Las adicciones de los usuarios al ciberespacio podrían provocar problemas psicológicos y trastornos mentales, como depresión, soledad y agresividad. La pandemia de covid-19 ha provocado un cambio de paradigma en las reuniones sociales, evolucionando del cara a cara a diversas formas virtuales, e investigaciones recientes han indicado que el uso prolongado de dichos encuentros y reuniones virtuales puede llegar a ser abusivo y crear adicción a Internet.

Por lo tanto, la pregunta es si el Metaverso llevará a sus usuarios al siguiente nivel de adicción. Ya podemos prever los posibles cambios de comportamiento revisando las plataformas de RV y RA existentes. En primer lugar, VR Chat, conocido como un ejemplo notable de mundo virtual, puede considerarse un caso piloto de adicción al Metaverso. Además, los investigadores de RV también han estudiado la relación entre la adicción a la RV, las causas subyacentes y los tratamientos correspondientes. También los videojuegos de RA, como *Pokémon Go,* pueden suscitar un cambio de comportamiento en multitud de jugadores, como conductas de derroche, determinadas acciones orientadas a grupos concretos en áreas urbanas y actuaciones peligrosas o arriesgadas en el mundo real. Tales cambios de comportamiento, si son el resultado de una adicción, podrían tener impactos difíciles de resolver en la sociedad.

Un enfoque psicológico de la adicción al usuario determina que el Metaverso puede convertirse en el yo extendido de un individuo, incluyendo la mente, el cuerpo, las posesiones físicas, la familia, los amigos y las filiaciones de la persona (de ahí el término: la persona se hace adicta a su usuario en el mundo virtual). Esta extensión de casi toda la vida del usuario en el Metaverso lo alienta a explorar cada vez más entornos virtuales y buscar recompensas, posiblemente en un círculo cerrado de recompensas interminables. Debemos resaltar que se espera que los problemas de adicción a los entornos inmersivos del Metaverso sean mucho peores que en cualquier otro medio (como las redes sociales) debido al hiperrealismo, que permite a los usuarios experimentar actividades muy parecidas al mundo real, susceptibles de influenciar profundamente varios sentidos a la vez. Además, los entornos virtuales altamente realistas permiten a las personas probar cosas que son imposibles en la vida real (como, por ejemplo, sumarse a un evento inmoral, mostrar racismo, etcétera). Podría ocurrir que estos entornos más permisivos, que también pueden dar la impresión de privacidad a los usuarios al permanecer estos físicamente en su casa, exacerbaran aún más las adicciones, por ejemplo, ampliando el tiempo de uso o generando emociones más fuertes.

Ciberacoso

El ciberacoso o *ciberbullying* es una forma de acoso o intimidación por medios electrónicos. También se conoce como acoso online. Este comportamiento de intimidación puede incluir publicar rumores, información falsa, amenazas, comentarios sexistas, información personal de la víctima o etiquetas peyorativas. El ciberacoso es frecuente en las redes sociales, el medio de comunicación digital más extendido en la actualidad, pero el Metaverso se convertirá en un ciberespacio gigantesco. Como tal, otra amenaza social de gran preocupación es el ciberacoso en el Metaverso. Es posible que, según la experiencia habitual en la actualidad, el Metaverso no pueda controlar el ciberacoso cuando se generalice y las autoridades deban solicitar cerrar algunos mundos virtuales.

Pero este será el primer intento de resolver un problema sin éxito. Teniendo en cuenta el número casi infinito de mundos virtuales en el Metaverso, el próximo enfoque será la detección del ciberacoso mediante algoritmos o métodos de IA. La equidad de tales enfoques se convertirá en el factor crucial para proporcionar una percepción de justicia y transparencia a los usuarios del Metaverso. Después de identificar cualquier caso de ciberacoso, se implantarán soluciones de mitigación de manera efectiva en entornos virtuales, tales como atención y ayuda, apoyo social virtual y autoafirmación.

No obstante, reconocer el ciberacoso en el entorno lúdico que representa el Metaverso es mucho más complicado que en las redes sociales actuales, donde la interacción es secuencial y llana (se coloca una publicación tras otra en una línea de tiempo). Por ejemplo, el mal comportamiento de los usuarios puede ser vago y difícil de identificar, como una sonrisa, una mirada o un susurro, algo muy parecido a lo que sucede en el mundo real. De manera similar, los mundos virtuales 3D dentro del Metaverso podrían complicar aún más los escenarios y, por lo tanto, dificultar la detección del grado de ciberacoso. Por lo tanto, probablemente los ciudadanos deberán acostumbrarse a convivir con una mayor dosis de ciberacoso y aún desconocemos las consecuencias psicológicas y sociológicas de esta situación.

Viviendo entre los muertos

Si analizamos la dinámica de los avatares del Metaverso, descubrimos otra cuestión social relevante que surge de su aceptabilidad bajo ciertas circunstancias. Como sabemos, los avatares pueden ser creaciones genuinas o copias digitales de los usuarios que representan. También hemos visto que los avatares podrían funcionar de manera semiautónoma o incluso totalmente autónoma cuando el usuario no esté conectado. Entonces, una vez que un usuario falleciera, ¿cuál sería la aceptabilidad de su avatar por parte de sus familiares, parientes o amigos? ¿Debería vincularse legalmente, de alguna manera, para hacerlo desaparecer también del mundo virtual, o no? Con el tiempo, a medida que la IA haga que los avatares se comporten de modo autónomo como lo hacen habitualmente sus dueños reales, esta cuestión también podría dar forma al futuro de una humanidad digital en el Metaverso compuesta de elementos virtuales y avatares que podrían volverse inmortales, como entidades separadas del mundo real. ¿Qué implicaciones tendrá esto? Supongamos que el Metaverso existía cuando Albert Einstein aún vivía y aún hoy pudiéramos encontrar su avatar todavía vivo en el Metaverso. ¿No sería razonable incluirlo en los grupos de investigación más relevantes para profundizar en el universo a partir de la teoría de la relatividad? Puede que nosotros —las generaciones futuras, sin duda— tengamos que lidiar con tales circunstancias y tomar decisiones respecto de la inmortalidad virtual de las personas vivas y, por extensión, de cualquier ser humano.

Otros efectos secundarios

En primer lugar, es necesario investigar más a fondo la aceptabilidad social de los dispositivos que conectan a las personas con el Metaverso, especialmente la respuesta del público ante dichos dispositivos, como las gafas portátiles de realidad virtual y aumentada. Algunas cuestiones, como la seguridad de dichas gafas al moverse en exteriores o conducir, podrían afectar negativamente a la reputación de los usuarios de estos dispositivos, lo cual ralentizaría o limitaría la adopción del Metaverso, especialmente para el desarrollo de ciertos servicios. Es muy probable que los fabricantes de dispositivos hagan evolucionar sus diseños actuales hacia otros dispositivos más amables, livianos y discretos. O, igual que ha sucedido con otros dispositivos, como los *smartwatches* e incluso los teléfonos móviles, podría haber una tendencia a exhibir diseños exagerados y extravagantes para diferenciarse de las personas «tecnológicamente obsoletas».

Otro efecto social esperado en la adopción del Metaverso es lo que ya sucedió con las redes sociales en relación con la edad. Muchos estudios han concluido que las diferentes generaciones utilizan las redes sociales de manera distinta. Por ejemplo, la generación Z prefiere Instagram, Snapchat y TikTok a Facebook, que tiende a retener más usuarios de las generaciones X e Y. Podemos esperar la misma segregación generacional en los mundos virtuales del Metaverso.

Alejándonos de los aspectos sociales y centrándonos en el medio ambiente, el Metaverso, como gigantesco mundo digital, estará sustentado por innumerables dispositivos de computación que consumirán una enorme cantidad de energía y producirán contaminación. Puesto que el Metaverso no debería comportar privaciones para las generaciones futuras, los diseñadores de infraestructuras y aplicaciones del Metaverso no deberían descuidar las consideraciones del diseño desde la perspectiva de la informática verde *(green IT,* en inglés). El respeto al medio ambiente y la responsabilidad ambiental podrían afectar al apego y la actitud de los usuarios hacia el Metaverso y tal vez al número de usuarios y opositores comprometidos y activistas. Por lo tanto, sería necesario abastecer y construir el Metaverso con análisis de datos basados en índices de sostenibilidad, y se espera cierto desequilibrio entre los países más preocupados por la sostenibilidad ambiental (como la Unión Europea) y el resto.

Implicaciones éticas

El Metaverso brinda a las personas la oportunidad de tener nuevas identidades. Crea un nuevo espacio libre para las actividades de nuestra vida diaria. Al mismo tiempo, debido a las opciones aumentadas que ofrece en comparación con la realidad física, da pie a relaciones sociales más complejas. Como red de nueva generación, el Metaverso debe controlar y restringir el comportamiento de los usuarios y establecer normas éticas y morales claras para mantener un ambiente adecuado, positivo y ordenado, como se mostró en el capítulo 7.

Los problemas éticos y morales del Metaverso se refieren a los fenómenos derivados de una posible ausencia y confusión de las correspondientes normas morales cuando son trasladadas a mundos virtuales, de manera que podrían entrar en conflicto con las normas éticas de la sociedad actuales. Al igual que en las aplicaciones actuales de Internet, algunas cuestiones éticas y morales en el Metaverso estarán relacionadas con la integridad o el fraude cuando se publique y difunda información falsa, con una atmósfera desfavorable y con la infracción de algunos derechos de propiedad intelectual. Pero, lo que es más importante, cuando la información cerebral, incluyendo potencialmente la consciencia, pueda editarse, almacenarse y copiarse en forma de datos digitales, el papel de la ética se volverá esencial. Por lo tanto, se debería reforzar la supervisión del Metaverso y formular y actualizar nuevas regulaciones, de acuerdo con las nuevas posibilidades tecnológicas y su impacto sobre los derechos humanos y el comportamiento social.

Resumen

En este capítulo se han tratado las siguientes ideas relacionadas con los posibles efectos secundarios del Metaverso:

- Los efectos psicológicos del Metaverso serán más profundos que los de las redes sociales actuales. Esto se deriva del hecho de que abarca más sentidos del organismo y de manera más intensa.

- El cibersíndrome se caracteriza por un exceso de conexión al ciberespacio (incluso sin motivo alguno), con una sensación de carencia cuando uno se desconecta y una tolerancia creciente (la necesidad de más estímulo para experimentar el mismo efecto).
- La mezcla de usuarios de distintos grupos en un mismo espacio virtual del Metaverso sin ninguna supervisión puede representar una amenaza para los menores y las minorías.
- La velocidad de las tecnologías digitales y la facilidad para adaptar algunas reglas o algoritmos pueden dar como resultado un espacio injusto donde algunos grupos estén subrepresentados o donde las personas sigan ideas aceptadas por la mayoría solo para no ser vetadas o criticadas.
- La adicción de las personas a sus usuarios en el Metaverso podría tener graves consecuencias. Las personas que abandonen su vida física para disfrutar de la virtual podrían sufrir enfermedades o incluso la muerte si los sentidos corporales se ofuscaran demasiado con sensaciones artificiales, de modo que se interrumpieran los procesos vitales básicos.
- El ciberacoso aumentará en el Metaverso como consecuencia de la extensión de la socialización digital.
- El uso extendido de la IA en el Metaverso y los prometedores avances hacia los gemelos digitales podrían plantear la cuestión ética de si los avatares de personas fallecidas deberían permanecer vivos. Aún se desconocen las implicaciones sociales de este escenario donde nadie muere en el Metaverso.

Capítulo 16
Algunas revelaciones sobre el futuro: gemelos digitales, consciencia digital, transhumanismo, inmortalidad

Hasta ahora, en nuestro viaje hacia el Metaverso, tenemos un montón de afirmaciones de «puede ser», «sería» y «se espera». Esto se debe a que las tecnologías subyacentes tras el Metaverso aún se están desarrollando y cada día generan más novedades. A medida que más empresas comienzan a desarrollar y probar nuevas funciones y a publicar información, el Metaverso adquiere un aspecto más tangible y fundamentado. En este capítulo se analiza lo que el futuro depara no solo para el Metaverso, sino también para nosotros como sociedad debido a su introducción, y lo que podemos esperar ver en los próximos años.

Gemelos digitales

Los gemelos digitales son clones digitales con alta integridad y fidelidad a sus entidades o sistemas físicos homólogos. Los gemelos digitales no solo son una copia digital de un objeto físico, sino que también interactúan con el mundo físico a través de la sincronización entre el objeto físico y el digital, o simplemente permanecen como un duplicado digital separado que puede interactuar con herramientas físicas u otros objetos materiales. Los gemelos digitales pueden emplearse para proporcionar servicios de clasificación, reconocimiento, predicción y conclusiones de sus entidades físicas.

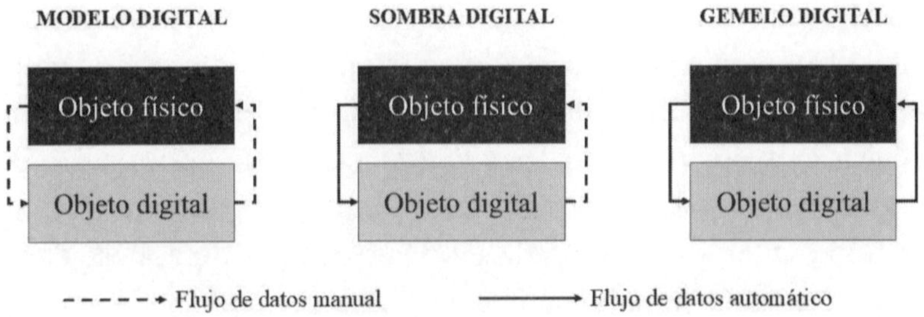

Figura 16.1. Métodos de digitalización de objetos o sistemas.

Estrictamente hablando, los gemelos digitales son solo uno de los métodos de digitalización de objetos o sistemas. Dependiendo de la posibilidad de automatizar el proceso de digitalización y cerrar el circuito de realimentación entre el objeto digital y el físico, hay tres métodos de digitalización que se muestran en la figura 16.1: modelo digital *(digital model),* sombra digital *(digital shadow)* y gemelo digital *(digital twin).*

Un modelo digital no es más que una réplica digital de una entidad física. Como se aprecia en la figura 16.1, en este caso no existe interacción automatizada entre el objeto digital (en el Metaverso) y el mundo físico. El modelo digital normalmente se obtiene midiendo manualmente la entidad física o utilizando fórmulas y cálculos matemáticos para diseñarlo. Este método existe desde hace tiempo y se ha utilizado ampliamente en simulaciones y maquetas, por ejemplo.

Una sombra digital es la representación digital automatizada de una entidad física. Si la entidad física cambia, su sombra digital cambia automáticamente en consecuencia. Este método se está desarrollando en la actualidad para muchas aplicaciones, especialmente en el cuidado de la salud, para obtener representaciones 3D precisas en tiempo real de partes del cuerpo para el diagnóstico en telemedicina.

Por último, en el caso de un gemelo digital, el objeto del Metaverso y el del mundo físico pueden influirse mutuamente. Cualquier cambio en cualquiera de ellos tendrá un efecto inmediato en el otro. Para eso es necesario automatizar la interacción entre ambas entidades. El aprendizaje profundo ha demostrado ser una técnica muy eficaz para extraer automáticamente información de la gran cantidad de datos complejos necesarios para construir un gemelo digital y representarlo en diversos tipos de aplicaciones, sin necesidad de trabajo manual.

El aprendizaje profundo es una técnica basada en redes neuronales no supervisadas, una arquitectura digital que emula el principio de funcionamiento de las neuronas del cerebro. Al igual que nuestro cerebro, un sistema de aprendizaje profundo debe ser entrenado primero con datos de muestra para que pueda aprender patrones, inferencias y reglas para llegar a conclusiones. Así, para construir un gemelo digital de un objeto o de un sistema, primero se necesita un entrenamiento, que normalmente requiere un modelo digital previamente diseñado (por ejemplo, si queremos obtener un gemelo digital de una mano humana, un ingeniero primero diseña un modelo digital de la mano con sus articulaciones, movimientos permitidos, dimensiones, etcétera). En la fase de entrenamiento, los datos de ambos mundos, el Metaverso y la realidad física, se fusionan en ciclos de entrenamiento y pruebas. Si los resultados de las pruebas se ajustan a los esperados y cumplen el requisito de precisión, el sistema autónomo estará listo para implementarse. En la fase de implementación, también se utilizarán datos en tiempo real de ambos mundos para entrenar y mejorar aún más la coherencia entre el objeto o sistema físico y el gemelo digital.

Una vez que el gemelo digital de un objeto está a punto para su uso, otra tecnología relevante que puede resultar útil para su ulterior explotación es la fabricación aditiva, comúnmente conocida como «impresión 3D», que consiste en producir una pieza física de diferentes materiales (plástico, metal, hormigón, etcétera) a partir de un modelo digital. Los gemelos digitales conectan directamente los espacios virtuales con el mundo físico. Con posterioridad, los usuarios humanos podrían iniciar la creación de contenidos en los gemelos digitales. En consecuencia, el contenido creado o actualizado digitalmente podría reflejarse en entornos físicos mediante la fabricación aditiva. Es importante resaltar que dicha edición de los gemelos digitales no tiene por qué limitarse a la adición, sino que los cambios pueden consistir en cortar, golpear, mover, etcétera. Por ejemplo, en la cirugía remota, un cirujano podría trabajar de manera eficiente en el gemelo digital de un órgano de un paciente, mientras que un robot podría replicar sus acciones en el órgano real.

Aunque no se puede predecir con precisión cómo el Metaverso acabará afectando a nuestro entorno físico, se comprueba que los prototipos de realidad mixta existentes encierran algunos objetivos específicos, como buscar escenas de realismo, brindar una sensación de presencia y crear espacios virtuales empáticos que repliquen los físicos. Teniendo esto en cuenta, sí que es posible predecir que, con el tiempo, la realidad y el Metaverso se fusionarán en una realidad mixta con límites difusos a cierto nivel, por lo que habría momentos en los que resultaría difícil diferenciar cuándo nos desenvolvemos en el Metaverso y cuando en la realidad física.

Como se puede comprobar, los gemelos digitales pueden ser la auténtica fundamentación del Metaverso, donde los objetos digitales se comportarán de manera similar a los físicos. Las interacciones en el Metaverso podrán servir para mejorar los sistemas físicos, convergiendo en una trayectoria de innovación disruptiva para mejorar la experiencia vital en general.

Holografía

Un concepto estrechamente ligado a los gemelos digitales es el de «holografía». La holografía es el arte de registrar y reproducir una imagen tridimensional precisa de un objeto (o una persona) por medios ópticos. Es el resultado de la combinación de tecnología informática y tecnología óptica. Estamos acostumbrados a ver imágenes holográficas en películas de ciencia ficción, como *Star Trek* o *Star Wars,* donde una imagen en 3D de una persona hablando con otras aparece en una habitación en forma de luz emergente procedente de un pequeño dispositivo situado en el suelo o sobre la mesa. Esta tecnología futurista, que ya es una realidad ampliamente contrastada en la actualidad, utiliza el fenómeno denominado «interferencia de luz coherente» para registrar la información de amplitud y fase de la onda de luz y obtener a partir de ella toda la información del objeto, incluida la forma, el tamaño y otras características. Aunque el principio físico es un poco difícil de explicar en términos no técnicos, podemos imaginarlo como un dispositivo que genera rayos láser cruzados que son invisibles para el ojo humano (como los del mando a distancia de nuestro televisor o las ondas de radio), pero que se vuelven visibles si se cruzan en un punto específico. Repitiendo esta superposición de rayos millones de veces en el aire, incluso con distintos colores de luz, el holograma resultante puede representar un objeto tridimensional completo, visible a simple vista desde diferentes ángulos, sin necesidad de llevar encima ningún dispositivo portátil. Esta tecnología desdibuja aún más el límite entre los mundos físico y virtual y proporciona una base sólida para la auténtica implementación del Metaverso.

Consciencia digital

La consciencia es un concepto cuya definición se hace solo a nivel teórico. Nadie sabe con claridad qué es la consciencia, aunque todos nos sentimos conscientes la mayor parte del tiempo. A la hora de describir la consciencia desde una perspectiva tecnológica, un enfoque ampliamente aceptado propuesto en 2017 (Dehaene *et al.*, 2021) divide la consciencia en dos dimensiones: C1 (subconsciencia) y C2 (consciencia real).

El subconsciente alberga información y una enorme variedad de procesos en el cerebro, donde reside la mayor parte de la inteligencia humana. La subconsciencia nos permite elegir un movimiento de ajedrez o detectar una cara. Los investigadores están de acuerdo en que este tipo de consciencia ya se ha desarrollado en sistemas digitales en forma de algoritmos de IA y métodos de aprendizaje automático, en particular el aprendizaje profundo, como se ha visto.

Por otra parte, la consciencia real contiene y supervisa información sobre uno mismo, dividida en dos grupos:

- La capacidad de mantener una amplia variedad de pensamientos (conocimientos, ideas y creencias) a la vez, todos accesibles a otras partes del cerebro, lo que posibilita aptitudes como la planificación a largo plazo o la creatividad. Este grupo está empezando a desarrollarse en los sistemas digitales, siendo la cuestión más desafiante saber cómo funciona el cerebro humano para combinar una cantidad tan vasta de información a fin de producir algo útil en un periodo de tiempo corto.
- La capacidad de obtener y procesar información sobre nosotros mismos, que nos permite hacer cosas como reflexionar sobre los errores o cuestionarnos cuál es el propósito de nuestra vida. Esta parte no se implementa en sistemas digitales, aunque se han hecho algunos intentos como una «falsa consciencia» basada en reglas o presunciones preprogramadas. El problema para implementar este tipo de consciencia es que, en realidad, todavía se desconoce cómo funciona la consciencia en el cerebro humano y, por lo tanto, no es posible replicar o recrear algo que se desconoce.

Parece que la consciencia real está impulsada por miles de millones de neuronas que unen la información del subconsciente, siguiendo una probabilidad estocástica, como en la mecánica cuántica. Pero antes de que esta consciencia sea posible, se necesita otro fenómeno subconsciente, llamado «sensibilización». Se trata de la capacidad de conocer, percibir, sentir, reconocer y actuar sobre los acontecimientos. Un ladrillo no tiene percepción ni sensación de nada, por lo que no es consciente de lo que le sucede ni a él ni a su entorno. Pero todos los animales son conscientes hasta cierto punto. Por ejemplo, una gacela busca la cercanía de su manada cuando se siente amenazada por un león para minimizar la probabilidad de convertirse en presa. Una mosca, en cambio, no es consciente del enorme riesgo de muerte que supone para ella estar en un dormitorio con gente dentro.

La sensibilización parece estar directamente relacionada con el número de neuronas y conexiones entre ellas en el cerebro. De cara a la consciencia digital, que implicaría que las máquinas se comportaran como seres humanos en lo que se refiere a sentir, reflexionar y creer, este descubrimiento puede ser un muy buen comienzo: solo se necesitan ordenadores más potentes (cuya disponibilidad solo es cuestión de tiempo, como todo el mundo sabe) para emular millones de neuronas. Por lo tanto, el principal supuesto aquí es que surgirán sistemas conscientes una vez que se alcance la superinteligencia, entendida como la evolución de la IA a sistemas mucho más poderosos capaces de superar la inteligencia humana en todos los ámbitos.

La pregunta es si, una vez que realicemos gran parte de nuestras actividades cotidianas en el Metaverso y la consciencia digital pueda ser una realidad, habrá muchas entidades digitales (personas virtuales que solo están vivas dentro del Metaverso) cuyo comportamiento será imposible de diferenciar del humano. Además, las entidades virtuales son inmateriales, y, por lo tanto, pueden ser eternas, ya que no se ven afectadas por los ciclos biológicos y sus neuronas digitales pueden trabajar varios órdenes de magnitud más deprisa que las humanas, con una diezmilésima parte de la energía que consume una neurona biológica. Es previsible que, en un periodo muy corto, con un progreso exponencial, la IA y la consciencia digital se conviertan en dominantes en la Tierra.

Interfaces cerebro-computadora (BCI)

La consciencia digital no es todo lo que veremos en el corto plazo. Las BCI (por las siglas de *brain-computer interface,* en inglés) son una tecnología en desarrollo que codifica y descodifica señales cerebrales del proceso de actividad cerebral mediante la identificación precisa de los minúsculos impulsos eléctricos de los que se sirven las neuronas para procesar información y estímulos. Las BCI pueden conectar las experiencias sensoriales y los pensamientos humanos con el mundo digital, convirtiendo las señales cerebrales individuales en información reconocible por aplicaciones informáticas. Esto significará la conexión directa de nuestros cerebros con el Metaverso en menos tiempo del que imaginamos.

La tecnología BCI puede clasificarse en tres tipos: invasiva, semiinvasiva y no invasiva. La figura 16.2 representa una porción de la cabeza, que incluye el cerebro, el líquido cefalorraquídeo que lo rodea, el cráneo y la piel. Se muestran diferentes soluciones tecnológicas, desde las no invasivas en el lado izquierdo —espectroscopía de infrarrojo cercano (NIR), electroencefalograma convencional, EEG— hasta las más invasivas en el extremo derecho. El grado de invasividad se refiere a la necesidad de cirugía para implantar electrodos en la corteza cerebral o su entorno. Actualmente, la tecnología BCI invasiva se utiliza en experimentos para tratar traumatismos o enfermedades cerebrales

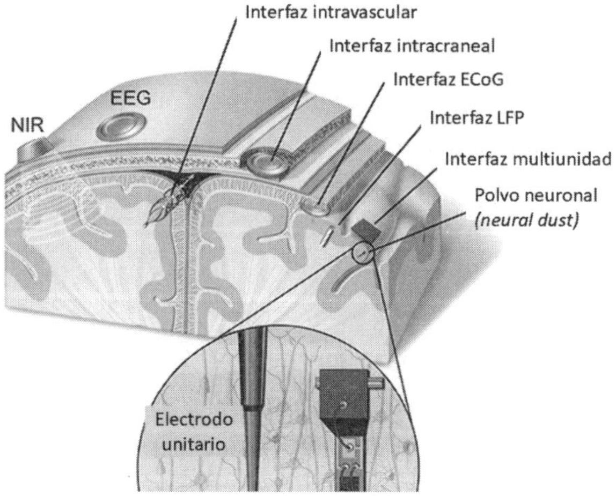

Figura 16.2. Diferentes tecnologías para construir interfaces cerebro-ordenador (fuente: Leuthardt *et al.*, 2021).

graves y, aparte de requerir una cirugía compleja, la estabilidad a largo plazo de estos sistemas aún no se ha estudiado a fondo.

Las BCI semiinvasivas requieren la implantación de electrodos en la cavidad craneal, pero fuera de la corteza cerebral. Normalmente se trata de electrodos con una pequeña aguja que sondea las señales cerebrales con cierto nivel de precisión. Estas técnicas también son experimentales y su objetivo principal es eludir los efectos secundarios y el daño cerebral potencial de las técnicas invasivas. Si bien no se espera que las técnicas invasivas formen parte del ecosistema del Metaverso, al menos en los próximos años, algunos grupos están explorando técnicas semiinvasivas, como la famosa empresa de Elon Musk, Neuralink, que está desarrollando un implante de chip con varios electrodos cableados para conectar el cerebro a dispositivos digitales. Esto puede suponer la antesala del transhumanismo, que se describirá a continuación.

Por último, las BCI no invasivas son *wearables* que simplemente se colocan en el cuero cabelludo (normalmente diademas o cascos) y leen señales de EEG. Los métodos no invasivos evitan los riesgos de seguridad de la cirugía o la punción cutánea, pero la resolución de la señal obtenida es baja, es decir, su capacidad de medir la actividad neuronal en alta resolución es limitada. Ya hay disponibles numerosos dispositivos BCI no invasivos, algunos producidos en masa a precios bajos, pero con capacidades de medición muy limitadas. Se espera que esta tecnología se implemente pronto en gafas de RV para permitir a los usuarios interactuar de algún modo con los entornos virtuales del Metaverso (por ejemplo, midiendo la emoción o reacción del usuario ante un estímulo virtual, el nivel de atención y cuestiones más complejas, como hablar mentalmente con uno mismo).

Transhumanismo

Según la *Enciclopedia Británica,* el transhumanismo es un movimiento social y filosófico dedicado a promover la investigación y el desarrollo de tecnologías sólidas para la mejora humana. Tales tecnologías ampliarían o incrementarían la recepción sensorial humana, la capacidad emotiva y la cognitiva, además de mejorar radicalmente la salud humana e incrementar la esperanza de vida. Tales modificaciones, resultado de la adición de tecnologías biológicas o físicas, serían más o menos permanentes y estarían integradas en el cuerpo humano.

El término «transhumanismo» fue acuñado por el biólogo y filósofo inglés Julian Huxley en su ensayo homónimo de 1957. Huxley se refería más bien a mejorar la condición humana a través del cambio social y cultural, no mediante dispositivos tecnológicos. Sin embargo, este término se ha recuperado para definir el movimiento transhumanista, un grupo cada vez más numeroso de personas que creen que el futuro de la humanidad está evolucionando hacia los cíborgs, es decir, la adición de partes robóticas y dispositivos o sustancias artificiales a nuestros cuerpos para convertirlos en mitad humanos, mitad robots.

El Metaverso puede dar un enorme impulso al transhumanismo. Así como la gente adoptó los teléfonos móviles por la gran cantidad de aplicaciones que estos pequeños dispositivos pueden proporcionar, incluyendo seguridad, orientación, una cámara, comunicación instantánea y otras funciones, el Metaverso será muy atractivo para todos cuando se puedan encontrar en él nuevas aplicaciones y servicios. Tarde o temprano, la gente empezará a utilizar *wearables,* tatuajes y, en última instancia, implantes para evitar los engorrosos dispositivos manuales y gafas de RV que se necesitan en la actualidad. Incluso puede que algunas aplicaciones relacionadas con la salud y la seguridad animen a sus usuarios a ponerse implantes para registrar su movimiento, constantes vitales, etcétera.

Paralelamente, los avances en robótica proporcionarán brazos y piernas robóticos, exoesqueletos, ojos y oídos artificiales y muchas otras cosas que ayudarán a las personas con discapacidad a tener una vida mejor. Pero, con el tiempo, casi todos estos dispositivos pueden popularizarse y producirse en masa para la gente corriente, que solo anhela algunos «superpoderes» (como, por ejemplo, brazos o piernas más fuertes, la capacidad de ver en el espectro infrarrojo, etcétera). La combinación de adelantos robóticos y dispositivos digitales *wearables* nos proporcionará un amplio abanico para mejorar nuestros sentidos y habilidades. De aquí a encontrar personas que opten por la sustitución de sus propios miembros y órganos por otros artificiales que les proporcionen un rendimiento mejorado y, quién sabe, que incluso decidan morir físicamente y llevar una vida exclusivamente virtual en el Metaverso, solo hay un paso.

Este sombrío futuro puede parecer lejano en el tiempo, pero es uno de nuestros destinos posibles.

Inmortalidad

La muerte siempre nos ha preocupado a los seres humanos. Mientras que los animales se limitan a vivir su vida, nuestra capacidad de pensar en el futuro nos lleva a reflexionar sobre la muerte y tratar de mantenerla lo más lejos posible de nosotros, salvo los auténticos aventureros. La inmortalidad es algo que suena bien a la mayoría de la gente y el Metaverso puede tener algo que decir sobre este asunto. En el Metaverso, todo es de origen digital o está digitalizado desde el mundo físico, y digital significa la posibilidad de no degradarse, como puede comprobarse comparando la música y las películas digitales, por ejemplo, con sus equivalentes analógicas.

¿Qué pasaría si pudiéramos crear un gemelo digital exacto de nuestro cerebro? Se supone que la consciencia está ahí, junto con nuestros pensamientos, creencias, recuerdos y sentimientos más profundos. ¿Nuestra alma está también allí? ¿Podría trasladarse todo eso a un modelo digital exacto en el Metaverso? Inicialmente, el gemelo digital se sincronizaría con nuestro cerebro para que pudiéramos estar ahora en la realidad física y a continuación en el Metaverso. Ahora bien, ¿y si en esa situación decidimos abandonar nuestro cuerpo físico y mantener nuestro cerebro, con un cuerpo virtual, solo en el Metaverso? ¿No seríamos inmortales?

Además, dado ese escenario, ¿no sería posible crear un clon físico de nuestro cuerpo a la edad que prefiramos y luego resincronizar el cerebro para que sea una copia de nuestro cerebro digital en el Metaverso? De ese modo nos haríamos inmortales no solo en el Metaverso, sino también en el mundo físico.

A quien piense que estas ideas son cosa de ciencia ficción le animo a que busque en Google Scholar (una gran base de datos abierta de publicaciones científicas) la palabra «inmortalidad», filtrando por el año en curso, y verá miles de artículos que estudian diferentes técnicas para conseguir tejidos inmortales y otras cuestiones relacionadas con hacer que nuestra presencia en este mundo dure para siempre. La industria de la inmortalidad apenas está surgiendo.

Resumen

En este capítulo se ha hablado del futuro. Las ideas más relevantes son las siguientes:

- Muchas organizaciones están trabajando para producir gemelos digitales de entidades físicas (incluso órganos humanos). Un gemelo digital es un modelo digital preciso que está sincronizado con su entidad física asociada.
- Los modelos digitales tradicionales se confeccionan de manera manual. Cuando se genera automáticamente un modelo digital a partir de una entidad física, se denomina «sombra digital».
- Si cualquier modificación de la sombra digital se aplica o refleja automáticamente en la entidad física, entonces se trata de un «gemelo digital».
- La combinación de dos tecnologías innovadoras, el aprendizaje profundo y la fabricación aditiva, facilita el desarrollo de gemelos digitales.
- La holografía es una técnica óptica para representar un objeto virtual tridimensional en un espacio físico, de manera que sea visible a simple vista.
- La consciencia digital es el reconocimiento de que una máquina que utiliza técnicas o algoritmos de IA es consciente. El principal problema relacionado con la consciencia digital es que todavía no está claro qué es la consciencia humana.

- Las interfaces cerebro-ordenador (BCI) son dispositivos que pueden medir la actividad del cerebro o activar algunas neuronas o localizaciones cerebrales, y que están conectados a dispositivos informáticos o Internet. Actualmente se emplean sobre todo en aplicaciones médicas, pero se están emprendiendo algunas iniciativas para usarlos como métodos de entrada en el Metaverso.
- El transhumanismo es una filosofía que sostiene que el ser humano puede mejorar más allá de sus limitaciones naturales. Con los avances tecnológicos más recientes, principalmente las BCI, la conectividad, la miniaturización de chips informáticos y la robótica, se está convirtiendo en una realidad potencial.
- Si llega un momento en el que sea posible un gemelo digital del cerebro humano y esto conllevara un gemelo digital de nuestras almas, podríamos ser verdaderamente inmortales en el Metaverso. En el futuro, puede que algunas personas prefirieran morir físicamente y seguir viviendo solo allí.

Capítulo 17
¿Y qué debería hacer yo ahora?

A lo largo de este libro se han examinado los inicios del Metaverso, los diferentes estados de madurez que se esperan en los próximos años, cómo está construido y las tecnologías subyacentes que sustentan su arquitectura, especialmente las más innovadoras, como Blockchain, las criptomonedas, los *smart contracts,* los NFT y las realidades virtual, aumentada, mixta y extendida.

También se han mostrado las posibilidades que abre el Metaverso para todos los sectores, así como algunos videojuegos y aplicaciones que ya están utilizando tecnologías del Metaverso en fase embrionaria, las empresas que están invirtiendo grandes sumas en el desarrollo de aplicaciones y servicios para el Metaverso, y cómo estos avances pueden transformar para siempre la sociedad, tal como la conocemos hoy.

En los últimos capítulos se han descrito posibles problemas derivados del cambio de paradigma provocado por el Metaverso en las tecnologías digitales actuales, como problemas de seguridad y privacidad, problemas de escala, la necesidad de nuevos dispositivos y sensores, y algunos posibles efectos secundarios de una tecnología tan inmersiva, principalmente los relativos a la condición psicológica y las implicaciones éticas.

Este es el último capítulo del libro y me gustaría que fuera el comienzo de algo en vez del final. Así pues, ahí van algunas ideas sobre qué hacer después de leerlo con respecto al Metaverso.

Experimentar el Metaverso

La mejor manera de completar el conocimiento y la comprensión de los conceptos y las posibilidades mencionados en este libro es experimentarlos personalmente hasta donde la tecnología lo permita. Si usted puede comprar unas gafas de realidad virtual como Meta Quest o, si el dinero no es problema, Microsoft HoloLens o Apple Vision Pro, ¡adelante! Podrá jugar con numerosos juegos y ser de los primeros en entrar en espacios virtuales. Quizás no sean muy útiles para aplicaciones prácticas, pero le colocarán en una posición mucho mejor para seguir de cerca futuras innovaciones y avances y estar más conectado con el Metaverso.

También puede hacer algo mucho menos costoso, incluso gratuito, que es registrarse en alguna de las primeras plataformas del Metaverso descritas en este libro, como Decentraland, Sandbox o Roblox. Podría servirse de ellas no para pasar el tiempo libre jugando o construyendo un mundo virtual propio, sino para experimentar y evaluar sus aptitudes y comprobar su evolución de vez en cuando.

Leer las noticias

Hoy en día hay abundancia de información sobre cualquier tema. Incluso puede que haya demasiada información. De hecho, hay mucha desinformación, o al menos información inútil, sobre el Metaverso, ya que se ha convertido en un término de moda, utilizado a menudo con fines de marketing puro o como anzuelo *(clickbait)* en los titulares de los medios. Por eso he escrito «leer» y no «ver» en el título de este apartado, porque mi experiencia me demuestra que la información valiosa sobre un tema tan técnico y complejo suele encontrarse en artículos y libros.

Asimismo, hay varios grupos profesionales en LinkedIn sobre diferentes temas en torno al Metaverso, la VR, la computación espacial, etcétera, también de suscripción gratuita, donde de vez en cuando se publican noticias interesantes.

Por último, recuerde que siempre puede configurar una alerta de Google sobre palabras clave como «metaverso», «web3», «realidad mixta», «computación espacial» y demás, para recibir enlaces a noticias que las contengan a diario o semanalmente. Lo único que se necesita es ir a la siguiente URL: www.google.com/alerts.

Vigilar el mercado

En un entorno tan acelerado como el desarrollo del Metaverso emergente, es obligatorio estar atento a las nuevas empresas que surgen y las inversiones en relación con ideas o tecnologías innovadoras. Una buena práctica es comprobar los proyectos de innovación que hayan recibido ayudas y subvenciones recientemente. Se puede consultar la lista de empresas o universidades estadounidenses que han recibido una subvención para la innovación (dentro de los programas SBIR o STTR) en www.sbir.gov, así como los proyectos europeos subvencionados (en la base de datos CORDIS, a través de esta URL: https://cordis.europa.eu).

También puede buscar nuevas iniciativas serias de *crowdfunding* llevadas a cabo por *startups,* que normalmente solicitan más de un millón de dólares en plataformas como Start Engine (www.startengine.com) o Crowdcube (www.crowdcube.com). En algunas de ellas, las iniciativas solo son accesibles si uno se suscribe como inversor potencial, lo que suele ser gratuito.

Otra opción para observar la evolución del mercado es asistir a eventos del sector o suscribirse a revistas. Como ingeniero, fui reconocido como *senior member* del IEEE hace unos doce años y recibo sus revistas, webinarios y congresos, algunos de ellos sobre el Metaverso. Usted también podría hacerse miembro de esta u otra asociación profesional relacionada con las tecnologías punteras o simplemente asistir a algunas ferias y eventos donde el Metaverso sea uno de los temas centrales, como la Augmented World Expo, el Metaverse Global Congress, la Immerse Global Summit o la Augmented Enterprise Summit.

Habiendo trabajado para IDC (www.idc.com) como analista de investigación de mercados, debo subrayar que las grandes empresas consultoras del mercado de tecnología de la información, como Gartner, IDC, Forrester y otras, normalmente publican documentos técnicos o estudios de mercado sobre diferentes temas, incluido el Metaverso. Aunque normalmente es demasiado costoso acceder a ellos a título individual, tal vez su organización, universidad o escuela de negocios tenga una suscripción corporativa que le permita leerlos.

Por último, recuerde que puede utilizar Google Scholar (https://scholar.google.com) para buscar artículos científicos con las palabras clave «metaverso» o «web3», por ejemplo. Aunque esto es más apropiado si uno quiere investigar algún aspecto concreto del Metaverso desde un punto de vista puramente técnico, también encontrará artículos más generalistas que condensen las últimas novedades y proporcionen los resultados de encuestas y otros hallazgos interesantes.

Seguir aprendiendo

Mi recomendación final es no dejar de aprender nunca. Esta recomendación no se limita al tema del Metaverso, sino a cualquier otro. En este libro he intentado condensar mucho conocimiento, experiencia e información en un espacio limitado con el propósito de servir como guía y fuente resumida para aprender, en un tiempo limitado, todos los aspectos relevantes relativos al Metaverso.

Si quiere saber más, estaré más que encantado si decide seguirme en LinkedIn o Twitter (@byAntonioFlores). También puede visitar el sitio web www.antonioflores.eu.

Gracias por dejarme acompañarle a lo largo de estas líneas. Ha sido mágico: ¡no hemos necesitado ni estar físicamente en contacto ni virtualmente en el Metaverso! De todos modos, espero que pronto podamos encontrarnos por cualquiera de estos dos medios.

Apéndice

Bibliografía

Alcañiz, M., E. Bigné y J. Guixeres (julio 2019), «Virtual Reality in Marketing: A Framework, Review, and Research Agenda», *Frontiers in Psychology,* n.º 10, pág. 1530.

Beard, K.W., y E.M. Wolf (2001), «Modification in the Proposed Diagnostic Criteria for Internet Addiction», *Cyberpsychology Behavior,* n.º 4, vol. 3, págs. 377-383.

Chang, C.C., R.A. Grier, J. Maynard, J. Shutko, M. Blommer, R. Swaminathan y R. Curry (2019), «Using a Situational Awareness Display to Improve Rider Trust and Comfort With an AV Taxi», en *Proceedings of the Human Factors and Ergonomics Society Annual Meeting,* n.º 63, págs. 2083-2087.

Childs, M., H.L. Schnieders y G. Williams (2012), «"This Above All: To Thine Own Self Be True": Ethical Considerations and Risks in Conducting Higher Education Learning Activities in the Virtual World Second Life™», *Interactive Learning Environments,* n.º 20, vol. 3, págs. 253-269.

Cuthbertson, A. (2018), «Google Admits Giving Hundreds of Firms to Your Gmail Inbox», *The Independent.*

De Back, T.T., A.M. Tinga y M.M. Louwerse (2021), «Learning in Immersed Collaborative Virtual Environments: Design and Implementation», *Interactive Learning Environments,* n.º 8, vol. 31, págs. 1-19.

Dehaene, S., H. Lau y S. Kouider (2021), «What Is Consciousness, and Could Machines Have It?», *Robotics, AI, and Humanity*, págs. 43-56.

Díaz, J., C. Saldaña y C. Ávila (2020), «Virtual World as a Resource for Hybrid Education», *International Journal of Emerging Technologies in Learning (iJET),* n.º 15, vol. 15, págs. 94-109.

Dionisio, J.D.N., y W.G.B.R. Gilbert III (2013), «3D Virtual Worlds and the Metaverse: Current Status and Future Possibilities», *ACM Computing Surveys,* n.º 45, vol. 3, art. 34, págs. 1-38.

Dogusoy, B. (2020), «Learning to Create Educational Digital Stories: Pre-School Prospective Teachers' Flipped Classroom Experiences», *Cukurova University Faculty of Education Journal,* n.º 49, vol. 2, págs. 969-994.

Falchuk, B., S. Loeb y R. Neff (2018), «The Social Metaverse: Battle for Privacy», *IEEE Technology Society Management,* n.º 37, vol. 2, págs. 52-61.

Gartner Inc. (2022a, 8 de agosto). «Metaverse Implications for Retail Technology and Service Providers». Extraído de <https://n9.cl/4i4c29>.

Lee, L.H., T. Braud, P. Zhou, L. Wang, D. Xu, Z. Lin, A. Kumar, C. Bermejo y P. Hui (septiembre 2021), «All One Needs to Know about Metaverse: A Complete Survey on Technological Singularity, Virtual Ecosystem, and Research Agenda», *Journal of LATEX class files,* n.º 14, vol. 8.

Lee, L.H., T. Braud, S. Hosio y P. Hui (2020), «Towards Augmented Reality-Driven Human-City Interaction: Current Research and Future Challenges», *ACM Computing Surveys,* n.º 54, vol. 8, págs. 1-38.

Leuthardt, E.C., D.W. Moran y T.R. Mullen (2021), «Defining Surgical Terminology and Risk for Brain Computer Interface Technologies», *Frontiers in Neuroscience,* n.º 15, 599549.

Mathis, F., J.H. Williamson, K. Vaniea y M. Khamis (2021), «Fast and Secure Authentication in Virtual Reality Using Coordinated 3D Manipulation and Pointing», *ACM Transactions on Computer-Human Interaction,* n.º 28, vol. 1, págs. 1-44.

Morrow, M., J. Iorio, G. Adamson, B. Biermann, K. Dow, T. Egawa, D. Gal, A. Greenberg, J.C. Havens, S.R. Jordan, L. Joseph, C. Karasu, H. eun Kim, S. Kesselman, S. Mann, P. Mohan, L. Morgan, P. Noriega, S. Rainey, T. Richmond, S. Rizzo, F. Rossi, L. Seeto, A. Smithson, M. Stender y M. Zuckerman (2021), «Extended Reality in A/IS», *The IEEE Global Initiative on Ethics of Autonomous and Intelligent Systems.*

Mystakidis, S. (2022), «Metaverse», *Encyclopedia,* 2.ª ed., págs. 486-497. <https://doi.org/10.3390/encyclopedia2010031>

Mystakidis, S., E. Berki y J.P. Valtanen (2021), «Deep and Meaningful E-Learning With Social Virtual Reality Environments in Higher Education: A Systematic Literature Review», *Applied Sciences,* n.º 11, vol. 5. <https://doi.org/10.3390/app11052412>

Mystakidis, S., M. Fragkaki y G. Filippousis (2021), «Ready Teacher One: Virtual and Augmented Reality Online Professional Development for K-12 School Teachers», *Computers,* n.º 10, vol. 10, pág. 134.

Ning, H., H. Wang, Y. Lin, W. Wang, S. Dhelim, F. Farha y M. Daneshmand (2021), «A Survey on Metaverse: The State-of-the-Art, Technologies, Applications, and Challenges», *IEEE Internet of Things Journal,* n.º 10, vol. 16, págs. 14671-14688.

Oddone, K. (2019), «Even Better Than the Real Thing? Virtual Augmented Reality School Library», SCIS Connections, Education Service Australia, Melbourne, VIC, Australia, Tech. Rep., n.º 110, págs. 1-15.

Park, S., K. Min y S. Kim (2021), «Differences in Learning of Sustainable Gameful Experiences», *Sustainability,* n.º 13, vol. 16, pág. 9121.

Park, S.M., y Y.G. Kim (2022), «A Metaverse: Taxonomy, Components, Applications, and Open Challenges», *IEEE Access*.

Parmaxi, A. (2020), «Virtual Reality in Language Learning: A Systematic Review and Implications for Research and Practice», *Interactive Learning Environments,* págs. 1-13.

Ruffner, J.W., J.E. Fulbrook y M. Foglia (septiembre 2004), «Near-to-Eye Display Concepts for Air Traffic Controllers», *Proceedings of SPIE.* doi: 10.1117/12.541645.

Sancar-Tokmak, H., y B. Dogusoy (2020), «Novices' Instructional Design Problem-Solving Processes: Second Life as a Problem-Based Learning Environment», *Interactive Learning Environments,* págs. 1-14.

Stanica, I.C., F. Moldoveanu, G.P. Portelli, M.I. Dascalu, A. Moldoveanu y M.G. Ristea (2020), «Flexible Virtual Reality System for Neurorehabilitation and Quality of Life Improvement», *Sensors,* n. º 20, vol. 21, pág. 6045.

Townsdin, S., y W. Whitmer (julio 2017), «Implementing Augmented

Reality in Academic Libraries», *Public Services Quarterly,* n.º 13, págs. 190-199. doi: 10.1080/15228959.2017.1338541.

WEN, D., Y. YUAN y Y.X. LI (diciembre 2013), «Artificial Societies, Computational Experiments, and Parallel Systems: An Investigation on a Computational Theory for Complex Socioeconomic Systems», *IEEE Transactions on Services Computing,* n.º 6, vol. 2, págs. 177-185.

YU, H., y M.O. RIEDL (junio 2012), «A Sequential Recommendation Approach for Interactive Personalized Story Generation», *Proceedings of the 11th International Conference about Automated Agents and Multiagent Systems,* n.º 1, págs. 71-78.

AGRADECIMIENTOS

Quiero dar las gracias a todas las personas que me han ayudado a hacer realidad esta iniciativa. En primer lugar, a mi agente, Nigel Wyatt, quien me hizo encontrar la mejor ruta para comunicar mi experiencia y conocimiento sobre el Metaverso y sus tecnologías subyacentes. A mi editor en Tusquets Editores, Josep M.ª Ventosa, quien se interesó desde el primer momento por llevar la traducción del libro al español a mi país y a todos los hermanos de Hispanoamérica.

También quiero dar las gracias a todos los expertos y profesionales que han mantenido conmigo conversaciones sobre algunos aspectos de este libro, especialmente a Lik-Hang Lee (Paul), profesor de temas relacionados con el Metaverso en el Instituto Avanzado de Ciencia y Tecnología de Corea; a Tony Parisi, padre de las «siete reglas del Metaverso» y activo emprendedor que ahora lidera la estrategia del prometedor proyecto Lamina1, y a Stylianos Mystakidis, redactor de la entrada «Metaverso» en *Encyclopedia*.

Finalmente, quiero dar las gracias a Ana, mi mujer, por sus ideas, apoyo y aliento para hacer que la escritura de este libro fuera mucho más apasionante y divertida. Algunos elementos importantes y enfoques del libro que tiene en sus manos son idea suya.